国家林业和草原局职业教育"十三五"规划教材

家具质量管理与控制

巫国富 ◎ 主编

FURNITURE
QUALITY MANAGEMENT
AND CONTROL

中国林业出版社
China Forestry Publishing House

图书在版编目（CIP）数据

家具质量管理与控制 / 巫国富主编. —北京：中国林业出版社，2022.8
国家林业和草原局职业教育"十三五"规划教材
ISBN 978-7-5219-1740-6

Ⅰ.①家… Ⅱ.①巫… Ⅲ.①家具—质量管理—高等职业教育—教材 ②家具—质量控制—高等职业教育—教材 Ⅳ.①TS664

中国版本图书馆CIP数据核字(2022)第110439号

中国林业出版社·教育分社

策划、责任编辑：田　苗　赵鵪旎
电　　话：（010）83143529　　　　传　　真：（010）83143516
出版发行　中国林业出版社（100009　北京市西城区刘海胡同7号）
　　　　　E-mail: jiaocaipublic@163.com
　　　　　http://www.forestry.gov.cn/lycb.html
印　　刷　北京中科印刷有限公司
版　　次　2022年8月第1版
印　　次　2022年8月第1次印刷
开　　本　787mm×1092mm　1/16
印　　张　7.75
字　　数　173千字
定　　价　42.00元

数字资源

未经许可，不得以任何方式复制或抄袭本书之部分或全部内容。
版权所有　侵权必究

编写人员

主　　编：巫国富

副 主 编：陈龙海　曾俊钦　覃引鸾

编写人员：（按姓氏拼音排序）

陈龙海　广西生态工程职业技术学院

梁　明　广西生态工程职业技术学院

庞　瑶　广西生态工程职业技术学院

覃引鸾　广西生态工程职业技术学院

巫国富　广西生态工程职业技术学院

衣　明　黑龙江林业职业技术学院

曾俊钦　广西生态工程职业技术学院

周　亚　广西生态工程职业技术学院

前　言

如今，我国家具行业已进入现代工业产业阶段，在国际家具生产和贸易中占有重要地位。质量是企业的生命，要提高经济效益，就必须提高产品的质量。加强生产过程质量控制，不断提高产品质量一直都是推动企业发展，提升市场竞争力的最主要的手段之一。随着经济的发展，人们生活水平的提高，对家具质量提出了更高的要求。作者针对消费者、家具企业以及家具设计与制造专业师生的需求，依据国家最新家具质量检测标准、国际家具检测技术发展现状以及多年的家具质量检测经验，编写了本教材。

本教材根据全面质量管理的基本观点和方法，阐述了家具生产全过程的质量管理与控制。全书共分为4个单元，具体包括：概述、板式家具质量管理与控制、实木家具质量管理与控制、软体家具质量管理与控制。巫国富、依明编写单元1、4，陈龙海、梁明、周亚编写单元2，曾俊钦、覃引鸾、庞瑶编写单元3。由巫国富统稿。

本教材可用于高职院校家具设计与制造、建筑室内设计、室内艺术设计等相关专业或专业方向的教学，同时也可用于家具企业管理人员和技术人员的质量管理培训教材和自学参考书。

巫国富
2022年6月

目 录

前 言
单元 1 概 述 1
   1.1 家具企业标准化体系 1
   1.2 家具质量管理 5
   1.3 质量检验 23
   1.4 家具质量控制 30
单元 2 板式家具质量管理与控制 38
   2.1 板式家具概述 38
   2.2 板式家具质量管理 39
   2.3 板式家具质量检验 47
   2.4 板式家具质量控制 62
单元 3 实木家具质量管理与控制 75
   3.1 实木家具概述 75
   3.2 实木家具质量管理 76
   3.3 实木家具质量检验 81
   3.4 实木家具质量控制 86
单元 4 软体家具质量管理与控制 99
   4.1 软体家具概述 99
   4.2 软体家具质量管理 101
   4.3 软体家具质量检验 102
   4.4 软体家具质量控制 111

参考文献 114

单元 1 概 述

1.1 家具企业标准化体系

家具行业的发展为行业标准化提供了现实条件,家具企业标准化体系的建立是家具行业标准化工作的基础。家具企业标准化体系包括家具产品标准化、家具生产工艺技术标准化和家具企业管理标准化三个重要组成部分。

随着时代的变迁,家具的意义已经发生了很大的变化,家具不再完全是传统意义上的"手工业"产品。家具的生产方式与其他工业产品一样,融入当今先进的科学技术,基本步入"大工业"生产的序列。在标准化理论的指导下,结合企业已有的工作经验,建立企业自身的标准化体系非常重要。随着企业标准化体系的建立,行业标准化工作必将出现新的突破,从而推动行业整体水平的提升,同时也对企业标准化建设提出更新、更高的要求。

企业标准化体系是指企业根据自身的管理水平、产品状况、生产和工艺技术条件、员工素质、企业社会形象等因素建立的适合企业实际情况和有利于提高企业整体水平的各项标准和规范。建立企业标准化体系应遵从的主要原则包括以下6个方面。

(1) 先进性原则

企业标准的具体内容应充分考虑当今先进的科学技术水平,吸收本行业和本企业先进的科学技术成果,并具有一定的前瞻性。

(2) 合理性原则

标准所包括的范围和具体的内容、具体的技术指标、技术规程、目标、条令与规范等符合企业的现实情况。一般来说,企业的标准应高于相应的行业标准和国家标准。

(3) 实用性原则

标准所包含的具体内容应具有明确的可操作性。

(4) 配套性原则

企业标准化体系中的各种单项标准之间应相互配套和适合。例如,产品质量标准中的"尺寸误差"应和相关工艺标准中的"加工误差"相统一。企业标准还应与相关行业标准、国家标准甚至国际标准相适应。

(5) 动态性原则

企业标准化体系的任何具体内容都不是固定不变的,随着社会的发展与进步,可能要对原有标准进行修改,或者要增补其他新的标准。因此,标准化体系的建立要充分考虑可对原有标准体系进行修改和增补的接入点。

（6）完整性原则

标准化体系强调本身的系统性和完整性，对于可以采用标准化体系解决的问题应尽量完全考虑在内，做到不留"死角"。

1.1.1　家具产品标准化

家具产品标准化是家具企业标准化体系的核心。从某种意义上来说，当今绝大多数的家具产品都可以被认为是一种工业产品。但家具产品又不同于其他工业产品，主要表现在强调产品本身的艺术性、产品种类繁多、更新换代快、尺寸规格复杂、表面处理形式（如色彩、材料、表面装饰等）多样、用户群体广泛、与其他环境和产品的关联性强等方面。因此，家具产品的标准与其他工业产品的标准有较大的区别。家具产品标准化主要包括以下4方面内容。

1.1.1.1　家具产品编号标准化

家具产品种类繁多。按不同的用途和使用场所可以划分为不同类型，如民用卧室家具、办公类屏风家具等；1个批次的家具产品仅尺寸规格不同的就达100多件，家具企业每年至少有两个开发周期，一个年产值在2亿元左右的中型家具生产厂家常年的产品品种可能多达400件。长期的产品累积容易使企业在产品生产管理、质量检测、产品营销、配件订购等方面产生混乱，有的企业甚至不清楚自己生产的产品名称。因此，产品的编号处理非常重要。家具产品的编号处理可采用与其他工业产品相类似的方法，即分段表示法，例如，分段的原则是尽可能地包括产品的生产厂家、产品类型、产品系列、产品批次、主要特点（如颜色和表面用材）等信息。编号尽可能采用阿拉伯数字，编号总位数可遵从国际惯例，便于和条形码管理技术相适合。编号所表示的信息可根据各企业不同的实际情况而不同。每一代号应有具体详尽的解释。家具产品编号的标准化还应包括家具部件、零件的名称规范，可单独用"名称""术语"的方式附加于产品编号标准之后。

1.1.1.2　家具产品设计标准化

家具产品设计标准化的主要目的是逐步实现产品的系列化、规格化和标准化，从而保证产品单体、主要通用零部件可组合、互换，简化生产和设计工作。产品设计标准化的工作集中落实到主要零部件的具体形状和尺寸规格、单体的规格、标准结构尺寸、定形和定位尺寸的制定上。家具产品设计的标准化可根据不同的家具类型和使用特点来分别制定。功能性家具（即家具造型主要是由家具的使用功能来决定的一类家具）一般将其分解为相对固定的功能性单体和可灵活选用的组合件两大部分分别加以规定。例如，衣柜的主要功能是提供收纳空间，柜身可被视为相对固定的单体，其尺寸和规格相对不变，柜门则作为可灵活选用的组合件，通过不同的柜门与柜身的组合来实现不同的衣柜造型；床是用来睡觉的，足够的床面面积是用来实现其功能的必要条件，且床身还要考虑与床垫等配套，故床身可视为标准件，设计时可考虑几种固定标准的床身，前后床头、床头板则主要实现床的不同造型，可视为组合件，设计出不同的床头（板）与床身搭配以供不同的用户选择。现今国家标准规定了一些主要家具类型的尺度标准，基本是根据人体工学的依据而制定的。随着我国人口主要生理尺寸的变化，这些尺寸应做适当的调整。

1.1.1.3 家具结构与配件标准化

家具结构与配件标准化的主要内容包括家具结构形式的选择、主要连接件的使用和选择标准、由造型和连接件所决定的结构尺寸、家具组装与拆卸方式等。家具的结构形式分为可拆装和不可拆装两种。连接件的选择是家具结构标准化的关键。鉴于当今家具连接产品本身标准化的事实，家具企业可借鉴连接件生产厂家的产品标准来制定自己企业的产品结构标准。家具结构尺寸与产品的造型尺寸有关。柜类家具顶板、上下望板的厚度，台桌类家具的台面厚度，门的厚度与门的安装位置等造型要素均对家具的结构尺寸产生影响。设计过程中应妥善处理这些部位。

1.1.1.4 家具产品质量检测标准化

现今国家已有相对完善的家具产品质量检验标准，如尺寸精度标准、零部件形位公差标准、基本尺度标准、表面质量检测标准、结构强度标准、环保标准等规定。对于尺寸精度标准、零部件形位公差标准、基本尺度标准、表面质量检测标准等，由于制定的时间较早，其中有些标准的参数已经不能适应现代产品质量的需要，企业可适当地提高标准要求，并适当参照国际标准。家具结构强度标准一直是我国家具产品标准的薄弱环节，建议参照有关国际标准执行。对于现今已强制执行的有关绿色环保标准，生产企业普遍反映强烈。一是家具企业对该标准的控制性较差，例如，作为家具产品主要基材的人造板并不是家具生产厂家自行制造的，对于它的环保指标家具厂家无法控制。二是建议该标准的技术参数应是最终产品对室内环境的影响指标，以便企业在家具生产过程中可采取适当措施降低游离甲醛含量。建议有关部门对该标准进行认真研究。

1.1.2 家具生产工艺标准化

家具生产工艺标准化是加强产品生产管理、提高生产效率、保证产品质量的有力措施。家具生产技术由于沿袭了传统的手工加工工艺，不同的企业对于同样产品的生产加工工艺也各不相同，同时技术条件（如设备条件）的差异性较大，导致各企业制定生产技术标准的差异性也较大。家具生产企业对生产工艺技术的标准非常重视，大多制定了相应的标准和规范，企业管理部门目前的主要任务是将这些分散的标准纳入标准化体系进行管理。

（1）材料性能标准化

家具材料种类繁多，现今国家标准规定了木材、人造板等主要材料类型的质量标准。有关家具用材的木材标准有待修改，因为家具用木材的材种已发生了显著变化：进口材增多，国产材中天然林木材减少，人工速生林木材材种增多，同时人们对木材材质的质量观如审美观也发生了变化，如人们不再认为具有"树节"的木材是一种缺陷而认为这是木材的一种真实质感，企业可针对自身的实际情况自主决定。人造板材料的性能规范比较齐全，可直接套用木材工业相关领域的标准加以制定。对于家具用其他材料如金属、塑料、石材、涂料等材料的性能标准，可参照其他材料领域的标准并结合家具用材的具体要求加以制定。

（2）家具生产技术标准化

对于相同的产品，由于各企业生产实际情况不同，采用的生产技术也各不相同。企业生产技术标准是产品生产技术的纲领性文件，包括生产周期与效率、生产技术文件规范、生产组织（生产调度和管理）、度量与公差、加工、检测等采用的技术标准，以及家具生产工艺规范和工序、工位操作规范。家具生产工艺规范包括家具产品的主要工艺流程和加工步骤规范。同一件产品或同一个零件的加工，其生产工艺流程可能各不相同，这是由企业的设备条件等技术条件决定的。不同的工艺流程所实现的生产效率和产品质量也会有所不同。企业应根据自身的技术条件和以往的生产经验制定适合企业自身的工艺标准。工序、工位操作规范是指对某单一的加工步骤、工序和工位的运作提出具体的要求。如怎样调整设备、刀具、模具，怎样确定切削量、进给速度、主要工艺参数，工人以何种姿态工作，加工余量的确定，怎样操作设备，加工的结果如何，工时与工效定额的确定等。此规范的实质是保证不同的操作人员用同一设备进行同样的加工时，其工作结果（质量、数量、效率）是相同的。工艺规范和工序规范往往是企业长期生产实践经验的总结。因此，企业要善于总结自己以往的经验，并从生产实践第一线中采集大量的数据，再用统计分析的方法得出标准参数，并将此参数反馈到生产实践中并加以验证，最终得到合理的参数。这将是一项长期和大量的工作。

1.1.3 家具企业管理标准化

家具企业管理标准化体系的完善与否，是衡量一个企业现代化进程的重要指标。无论是何种企业模式，都离不开科学规范的管理。它不仅是一些规章制度，更代表着企业的理念、企业的文化，预示着企业的未来。

1.1.3.1 企业设计管理标准化

当今社会中以设计为先导的行业里，设计管理的重要性甚至要大于企业管理。家具企业设计管理标准化的目的是明确企业的设计定位，强调设计工作在企业中的重要性，提出与企业产品设计工作有关的各种规范，将产品设计、开发纳入标准化技术轨道。家具企业设计管理标准化的主要内容包括设计信息的采集与处理技术、设计工作流程、设计评审技术、设计工作管理（人力与物力）、设计投资、设计文件规范等。

1.1.3.2 企业人力资源管理标准化

近年来，家具企业员工的构成已发生了重大变化，人事管理的重要性已逐渐显现出来。企业人力资源管理的目的就是要充分发挥所有员工的主观能动性，为每一个员工提供适合自身发展的环境与空间。

家具企业人力资源管理标准化的主要内容包括人力资源规模、人力资源构成、与企业员工有关的各项组织纪律、对员工的提升与处罚、岗位制度与岗位管理、员工素质与培训、员工福利与待遇、人员录用与流动等。

1.1.3.3 企业形象设计与管理标准化

企业形象设计与管理已逐步为广大的家具企业所重视，一般大、中型家具企业都有自己的 CI（企业形象识别系统）设计，但真正将其与企业管理紧密联系在一起的企业还为数极少，大多还只是流于形式。企业形象设计与管理应贯穿企业的所有工作中。企业形象设计与管理标准化工作的主要内容包括企业 CI 设计、CIS 设计、CI 应用与管理等。

总的来说，家具企业标准化建设工作是家具企业文化建设的主要工作之一，是家具企业逐渐向现代化企业迈进的重要环节。家具企业的标准化建设有利于企业的发展与壮大，提高企业的社会效益与经济效益。家具企业的标准化建设是家具行业标准化建设的基础，而行业的标准化则是推动整个行业良性发展的必要条件。

1.2 家具质量管理

家具质量是企业市场竞争力的核心因素，如果没有品质有保证的产品，企业就没有在市场立足的资本。企业只有苦练内功，加强基础管理，提高全员质量意识，做好各项工作，才能生产出好的产品。家具质量，就是产品在外观、功能、规格、安全和耐用性等方面的具体体现，一件合格的产品，必须满足或符合客户对品质的最基本要求。质量管理，就是企业为达到和实现品质目标而采取和从事的各种活动过程控制，它包括企业为提高产品质量而进行的调查、计划、组织、协调、控制、检查、处理以及信息反馈等活动内容。

家具质量管理，是在生产经营全过程中，对实现家具产品质量所必需的质量职能与活动的管理。由于家具产品在其生命周期中主要经历生产前、生产中和生产后的 3 个阶段，因此，家具质量管理的具体内容至少应包括市场调研的质量管理、产品设计开发过程的质量管理、物料采购供应的质量管理、产品制造过程的质量管理、零部件及产品检验的质量管理、产品销售服务过程的质量管理 6 个方面。

1.2.1 市场调研的质量管理

1.2.1.1 市场调研的基本任务

（1）收集市场信息

市场信息主要包括：顾客或用户需求信息，同类产品信息（品种、规格、质量水平、技术特点、发展趋势），市场竞争信息（竞争对手、竞争焦点、竞争手段、竞争范围），市场环境信息（国内外市场区域、政治经济因素、技术政策、法律条例标准）。

（2）分析市场形势

国际市场形势分析的主要任务包括：对目标市场所在国家或地区经济周期的分析；对重要经济指标的分析；对拟出口产品的主要进出口国的分析。

国内市场形势分析的主要任务包括：对目标市场所在地区的经济形势的分析；对目标市场的竞争因素和目标市场环境的分析。

（3）确认顾客需求

顾客对家居产品适用性的需求，是顾客依据各自的客观需要决定的，通常反映在对家具产品性能、功能、安全性、价格、交货期和信誉等方面的需求。

1.2.1.2 市场调查的主要内容和方法

市场调查是企业应用科学的方法，有目的地、系统地对市场信息进行收集、记录、分析并加以利用的活动，它是市场研究的有效办法。经常有效地开展市场调查，对于家具企业的生产经营有着十分重要的意义。

无论什么类型的市场，都有下列8个方面的调查内容：市场环境调查；技术发展调查；市场容量调查；顾客调查；产品调查；价格调查；销售调查；推销调查。目前，市场调查的方法多种多样，一般把调查的方法归纳为以下4种：访问法；观察法；实验调查法；试用与试销法。

1.2.1.3 市场预测的主要内容和方法

市场预测就是以市场调查所获得的信息资料为基础，运用科学的方法和手段对事物未来的演变规律和发展趋势进行预测和推断。适合家具企业采用的市场预测方法主要有以下3类。

（1）经验判断法

经验判断法也称定性预测法。它是由预测者根据已有的历史资料和现实资料，依靠个人判断和综合分析能力，对市场未来的变化趋势做出判断。

（2）时间序列分析法

时间序列分析法是通过编制和分析时间序列，根据时间序列所反映的发展过程、方向和趋势，加以外推或延伸来预测未来需求发展的一种方法。在实际应用中，又可分为加权算术平均法、指数平滑法、移动平均法和简单平均法等方法。

（3）回归分析

回归分析也称相关分析法。它通过分析市场变化的原因，找出原因和结果之间的联系方法，并据此预测市场未来的发展变化趋势。

1.2.1.4 质量信息的分析与评价

质量信息的分析与评价是为使设计产品、过程和体系的信息得到及时的传递、分析和处理，从而准确评价质量管理体系的有效性和适宜性，识别改进机会。适用于与产品质量有关的信息的传递、分析和处理。质量信息的分析与评价应包括以下7个方面：质量分析；用途分析；竞争分析；顾客分析；新产品开拓市场分析；产品市场寿命周期分析；其他分析。

1.2.2 产品设计开发过程的质量管理

家具设计是家具企业的源头，它不仅对企业的长远发展具有重要的战略意义，而且是家具产品质量形成的关键环节，它决定了所设计产品的固有质量。设计过程中质量管理的好坏，对产品质量具有决定性作用，设计过程的质量管理把控得好，生产过程就有了保证质量的先决条件，如此才能制造出具有良好使用性能的产品。所以，对设计过程实施有效的质量控制很重要，可以防止产生缺陷和不足。只有做到设计的产品图纸正确，工艺要求清楚，材料用量、生产工时准确，成本控制才有基础，产品质量才有保证。

设计开发流程是指对产品设计步骤、顺序和内容的规定。家具设计本身是建立在工业化生产方式的基础上，综合材料、功能、经济和美观等诸方面的要求，以图纸形式表示的设想和意图。一项产品设计开发工作从开始到完成必然表现着一定的进程，按照程序层层递进，并在序列性进程中体现和提高设计效率。因此，结合家具产品设计特点，制定科学的产品设计开发流程，并对其进行有效的管理，有利于合理安排设计周期、控制设计进度，从而使设计质量得到保证。每个企业都有各自不同的产品设计开发程序，这与企业的经营管理模式、产品类型、设计开发能力、设计人力资源、企业的经济实力等因素有关。但总的来说，家具产品设计开发一般都要经历以下几个阶段，具体如图所示。

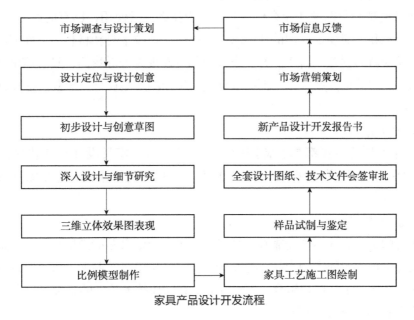

家具产品设计开发流程

1.2.2.1 市场调查与设计策划

家具产品设计与开发是以市场为导向的创造性活动，它要求创造消费市场满足大众需求，同时又能批量生产，便于制造，更重要的是为企业创造效益。因此，家具产品设计开发的首要前提就是要开展市场调查，进行信息的搜集与整理，以便全面掌握资料。在此基础上进行纵向与横向的对比，对市场与信息进行准确的分析与定位，才能保证设计的成功。这是影响设计质量的一个重要环节。目前一些家具企业的新产品开发力度不够，多数企业缺乏市场调查和科学分析，盲目性大，针对性小，导致产品设计开发成功率低，增加企业风险。

家具产品的设计策划是在市场调查的基础上，通过需求分析和市场预测，确立设计目标。针对将要开发的产品确定其进入市场的时间、地点和条件，并制订策划方案与实施计划，确保设计活动正常有序地进行。

1.2.2.2　设计定位与设计创意

设计定位是指在设计前期资料收集、整理、分析的基础上，综合一个具体产品的使用功能、材料、工艺、结构、尺度和造型、风格而形成的设计目标或设计方向。

设计定位是着手进行造型设计的前提和基础，所以要先确定。设计定位通常以设计任务书的形式来表达。通过制定设计任务书，提出所设计产品的整体造型风格、颜色搭配、材料选择、功能配置以及产品的技术性能、质量指标、经济指标、人机性能、环境性能等方面的要求。在实际的设计工作中设计定位也是在不断变化的，这种变化是设计进程中创意深化的结果。所以，设计目标设定的本身就是一个不断追求最佳点的过程。在家具产品开发设计中确定设计定位犹如在航海中确定航标，定位准确，会取得事半功倍的效果，稍有差错，则会使整个开发设计走入歧途而导致失败。

设计创意主要是考虑设计什么样的产品；为什么人所使用；已有的产品形态和功能，用什么样的形态和功能满足人们的新需求；怎样应用新技术与新材料；怎样突破陈旧的造型模式，表现最新的创意。新产品开发设计的创造性规律告诉我们，只有从全新的视点出发，从产品开发的关键点展开，才能有效地创造出新的产品设计。家具产品设计的关键点有以下三方面。

（1）使用功能

任何一件家具的存在都具有特定的使用功能要求，家具设计与纯艺术创作的差异之处就是要将实用与审美相统一。使用功能是家具的灵魂和生命，它是家具造型设计的前提。

（2）制造与工艺

一个优秀的家具设计不能光靠画出来或计算机三维效果图渲染出来，关键是要能够制造出来，成为批量生产的实物产品，并符合材料、结构工艺的要求。所以在设计中一定要与家具材料、结构、工艺密切结合，把设计建立在物质技术条件的基础上。

（3）文化内涵与审美创造

家具具有既是生活实用品又是文化艺术品的双重特征：一方面要满足人们日常工作和生活上的实用需求；另一方面又要满足大众的审美需求。因此，家具在造型上必须符合艺术造型的美学规律和形式美法则。

为此，家具产品设计师可把上述家具设计的各关键要素协调起来，在其中寻找全新的视点与切入点，进行方案构思，使新的设计创意不仅在价值观和审美观方面能够被人理解并被客户接受，同时又符合生产技术和成本核算要求，最终能够形成实物产品并推向市场创造经济效益。

1.2.2.3　设计表达与设计深化

家具产品设计开发是一个系统化的进程，这个过程从最初的概念草图设计开始，逐步地深入产品的形态结构、材料、色彩等相关因素的整合发展与完善，并不断地用视觉化的图形语言表达出来。

其具体过程为：产品设计从最初的创意构思，通过具体—模糊—集中—扩展—再集中一再扩展这种反复的螺旋上升的创意过程，形成最佳目标的初步设计方案。然后在初步设计提炼出来确定的草图基础上，把家具的基本造型进一步用更完整的三视图和立体透视图的形式绘制出来，初步完成家具造型设计，确定家具的外观形式、总体尺寸及形状特征。接着在家具造型设计的基础上进行材质、肌理、色彩的装饰设计。最后进行结构细节设计。

其中，结构设计主要是确定零件合理的加工形状与尺寸、材料的合理选择与计算、制定零部件之间的结合方式及加工工艺、确定局部与整体构造的相互关系。科学合理的结构设计，可增强产品的力学强度，降低材料消耗，提高生产效率，必须加以重视。同时，在家具深化设计与细节研究的阶段应加强与生产制造部门的沟通，并进行必要的成本核算与分析，使家具深化设计进一步完善。

结构细节设计对产品的最终质量非常重要，并影响到产品的成本，如果不按正常工序设计，一个工艺过程的节省可能会导致产品的售后服务费用成倍增长。所以，要注重细节设计，不管是内部结构还是外部式样，细节往往可能是影响产品质量的决定因素。

1.2.2.4 三维立体效果图表现与模型制作

在完成初步设计与深化设计后，要把设计的阶段性结果和成熟的创意表达出来，作为设计评判的依据，送交相关部门审查，这就是三维立体效果图和比例模型制作。效果图和模型要求准确、真实、充分地反映未来家具新产品的造型、材质、肌理、色彩，并解决与造型、结构有关的制造工艺问题。

三维立体效果图是将家具的形象用空间投影透视的方法运用彩色立体形式表达出具有真实观感的产品形象，在充分表达出设计创意内涵的基础上，从结构、透视、材质、光影色彩等许多元素上加强表现力，以达到视觉上的立体真实效果。

模型制作也是设计程序的一个重要环节，是进一步深化设计、推敲造型比例、确定结构细部、材质肌理与色彩搭配的设计手段。家具产品设计是立体的物质实体性设计，单纯依靠平面的设计效果图检验不出实际造型产品的空间体量关系和材质肌理效果，模型制作是家具由设计向生产转化的重要一环。最终产品的形象和品质感，尤其是家具造型中的微妙曲线，材质肌理的感觉必须辅以各种立体模型制作手法来对平面设计方案进行检测和修改。模型制作完成后可配以一定的仿真环境背景拍成照片和制作成幻灯片，进一步为设计评估和设计展示所用，也利于编制设计报告书。模型制作要通过设计评估才能确定进一步转入制造工艺环节。

1.2.2.5 家具制造工艺施工图绘制

在家具效果图和模型制作确定之后，整个设计过程便转入制造工艺环节。家具施工图是家具新产品设计开发的重要工作程序，是新产品投入批量生产的基本工程技术文件和重要依据。家具施工图必须按照国家制图标准绘制，它包括总装配图、零部件图、大样图、开料图等生产用图纸。

同时还必须提供家具工艺技术文件，包括零部件加工流程表（包括工艺流程说明与要求）、材料计划表（板材、五金件清单）等，并设计产品包装图，编制技术说明、包装说明、运输规则及说明、使用说明书等。

家具制造工艺图纸是整个设计文件的重要组成部分，是生产技术部门制造的依据，其准确性与规范化程度直接影响后续生产阶段的管理工作，对产品最终质量的形成也是至关重要的。家具工艺图纸要严格按照工程技术文件进行档案管理，图纸图号编目要清晰，底图一定要归档留存，以便以后复制和检索。

1.2.2.6 样品试制与鉴定

在完成家具施工图纸和工艺设计后，要通过试制来检验产品的造型效果、结构工艺性，审查其主要加工工艺能否适应批量生产和本企业的现行生产技术条件，以及原材料的供应和经济效益方面有无问题等，以便进一步修正设计图纸，使产品设计最后定型。

样品试制可以设立试制车间或试制小组，以确保新产品的试制工作有保证。在样品试制前，设计人员应向试制人员进行详细的技术交底，提出在制作中应注意的事项，以及具体的质量要求。样品所用材料应按照一般标准的要求选用，以免正式投产后，出现不必要的矛盾。在整个试制过程中，设计人员应负责技术监督和技术指导，并要求试制人员做好试制过程中的原始记录，将设计、工艺和质量上存在的问题、缺陷、解决措施及经验，原辅材料、外协件、五金配件等的质量情况和工时消耗定额等详细记录下来，然后对记录进行整理分析，以供样品鉴定和批量生产时参考。

样品试制成功后，还必须组织企业各相关部门或专业主管部门的有关人员对其进行严格的鉴定，从技术上、经济上对它做出全面的评价，以确定能否进入下一个阶段的批量生产，这是从设计到制造的一个关键性的环节。通过鉴定，以判定样品是否可达到预定的质量目标和成本目标。鉴定后要提交鉴定结论报告，并正式肯定经过修改的各项技术文件，使之成为指导生产和保证产品质量的依据。样品的试制与鉴定，是产品从设计到正式投产必经的步骤，缺少这一环节就会给生产带来很多隐患。

1.2.2.7 全套设计图纸、技术文件会签审批

设计部门在新产品得到全方位鉴定确认后，全面整理完善设计图纸及文件，内容包括：产品效果图、结构装配图、零部件图、零部件清单、开料图、材料计划表（板材明细表、五金配件明细表、涂料用量）、包装材料清单、包装说明、产品安装说明等。设计图纸与相关技术文件必须通过校对和审核才能生效。必要时，设计人员还要进行批量生产跟踪，以了解批量生产过程中的实际情况，记录因设计带来的产品质量、工艺、成本等方面存在的问题，为进一步完善设计积累经验。

1.2.2.8 新产品设计开发报告书

家具新产品设计开发是一项系统工程，当产品设计工作完成后，为了全面记录设计过程，更系统地对设计工作进行理性总结，全面地介绍推广新产品设计开发成果，为下一步产品生产做准备，编写新产品设计开发报告显得非常重要，它既是设计工作最终成果的形象记录，又是进一步提升和完善设计水平的总结性报告。

1.2.2.9 市场营销策划

每一项新产品设计开发完成后,都需要尽快地推向市场。要保证新产品获得广泛的社会认可,占领市场份额,扩大销售,需要制定完备的产品营销策划。新产品营销策划是现代市场经济中产品设计开发整体工作的延续和产品价值最终实现的可行性保障,有人称为市场开发设计。

新产品向商品化的转变,必须基于市场经济规律建立起一整套的营销策划:

①确立目标市场,制订营销计划;

②新产品品牌形象、标志识别系统、广告策划设计;

③新产品的展示设计、商店布置、陈列设计;

④新产品的售后服务。

这样,就将产品设计与企业品牌形象、广告宣传统一起来,使传达给用户的信息具有连续性和一致性,有利于树立良好的企业形象。

1.2.2.10 市场信息反馈

新产品最终目标价值的实现,仅靠自身设计及一个好的营销策划是不够的,还必须在实际运作过程中不断跟进,不断完善,及时发现问题,准确地采取对策和措施,从而保证新产品的设计开发能创造出更高的社会效益和经济价值。产品从设计、生产到商品成型、消费,整个过程已形成了一个循环系统。

1.2.3 物料采购供应的质量管理

采购质量管理是采购管理工作的重要内容,它直接影响到物料使用部门能否生产出合格的产品,这对企业来说是生死攸关的大问题。

采购质量管理工作的主要内容包括三个方面:一是采购部门的质量管理;二是对供应商的评估和认证;三是采购质量保证体系的建立和运转。

1.2.3.1 采购部门的质量管理

采购部门的质量管理是企业质量管理的一项基本管理活动,它的根本任务是根据生产的需要,保证采购部门适时、适量、适质地向生产部门提供各种所需的物料,做到方便生产,服务良好,提高经济效益。

(1) 物料采购供应的计划工作

在面对较复杂的采购情况时,采购部门针对多品种、多批次的需求进行分析,涉及企业各个部门、工序、材料、设备、工具及办公用品等各种物料,进行大量的、彻底的统计分析,在此基础上编制物料采购计划,并检查、考核执行情况。

(2) 物料采购供应的组织工作

依据物料采购计划,按照规定的物料品种、规格、质量、价格、时间等要求,与供应商签订订货合同或者直接购置。

①运输与组织到货 确定供应商与采购方案后,根据采购计划内容(包括质量、运输方式、交货时间、交货地点等)要求,组织运输与到货,并尽量在约定时间内提前完成。

②验收　物料到货后，根据有关标准，经有关部门对进厂的物料进行品种、规格、数量、质量等各方面的检验核实后方可入库。对于质量连续不合格的物料供应商，一方面提请供应商进行质量改进；另一方面，如果供应商的物料质量已经达到极限，则应从物料设计系统入手，选择适合大批量生产的物料种类。对于质量连续符合标准的物料供应，则可以考虑对供应商实行免检。实行免检的物料事先要签订"质量保证协议"，并列出相应的处罚措施，从合同上对供应物料质量进行制约，提高供应产品的质量。

③存储　对已入库的物料，要按科学、经济、合理的原则进行妥善的保管，保证质量完好、数量准确、方便生产。

④供应　根据生产部门的需要组织好生产物料的准备工作，按计划、品种、规格、质量、数量进行发送。

（3）物料采购供应的协调工作

在一个企业中，采购部门与生产部门由于分工往往会产生一些矛盾与冲突，对这些矛盾与冲突需要进行协调，归根到底是协调人际关系，应通过沟通来克服障碍，从企业的目标和利益出发进行协调，从而达到提高产品质量和经济效益的目的。

（4）物料采购供应的控制工作

由于采购活动涉及资金的流动以及各方的利益关系，为了避免收受贿赂所带来的风险，必须加强采购控制工作，建立采购预计划制度、采购请求汇报制度、采购评价制度、资金使用制度、到货付款制度、保险制度等。

1.2.3.2　供应商的评估和认证

在供应链管理的环境下，为了降低企业的成本，往往需要减少供应商的数量，当然，供应链合作关系并不意味着单一的供应商。从供应链管理的需要和采购产品的质量出发，企业采购质量管理要求对供应商进行评估和认证。

采购质量管理的重点之一在于正确地选择供应商，因此供应商的评估很重要。

为了对供应商进行系统、全面的评估，必须建立一套完善的、全面的综合评估指标体系。

为了对不同行业、不同产品、不同背景的供应商进行合理的评价，可以从一些基本的共性出发，确定评估的项目、标准以及所要达到的目标。因此，评估指标体系主要包括供应商的业绩、管理水平、人力资源开发、成本控制、技术开发，特别是质量控制、交货期、运输条件、用户满意度等指标。在此基础上成立评估小组，制定相应的评估管理办法。

我们可以把供应商分成两类：一类是现有的供应商，另一类是潜在的供应商。对于现有的合格供应商，每个月进行一次调查，着重对价格、交货期、合格率、质量等进行正常的评估，1~2年进行一次详细的评估。对于潜在的供应商，其评估的内容要详细一些，首先是根据产品设计对原材料的需求，寻找潜在的供应商，由其提供企业概况、生产规模、生产能力、经营业绩、ISO 9000认证、安全管理、样品分析等基本情况，然后进行报价，接着对供应商进行初步的现场考察，考察时可以按照ISO 9000系列标准进行，然后汇总材料小组讨论，在进行供应商资格认定之后，通常需要考察三个月，如果没有问题，再确定为正式的供应商。

1.2.3.3 采购认证体系的建立与运转

采购认证是针对采购流程的质量而言的，对采购的每个环节从质量的角度进行控制，从而控制供应商的供应质量。

（1）对选择的供应商进行认证

具体内容包括以一定的技术规范考察供应商的软件和硬件。软件是指供应商的管理水平、技术水平、工艺流程、合作意识等，硬件是指供应商设备的先进程度、工作环境的完善性等。

（2）对供应商提供的样品进行试制认证

具体分两个阶段：第一阶段，对供应商外协加工的过程进行协调控制，如设计人员制定的技术规格和供应商实际生产过程是否存在出入；第二阶段，认证部门同设计、工艺、质量管理等部门相关人员对供应商提供的样品进行评审，看其是否符合基本规格和质量要求。

（3）对供应商提供的小批量物料进行中试认证

这是由于对物料的质量检验主要是通过测量、监察、试验、度量，与以往规定的标准进行比较看其是否吻合，但是样品认证合格并不代表小批量物料就能够符合质量要求，往往小批量物料的质量与样品的质量存在差异，因此，中试认证是必要的。

（4）对供应商提供的批量物料进行批量认证

其质量控制表现在两个方面：一是控制新开发方案中批量生产的物料供应质量的稳定性；二是控制新增供应商的批量物料供应质量的稳定性。

（5）保持动态平衡

在供应链管理的前提下，企业的需求和供给都在不断地变化，因此在保持供应商相对稳定的情况下，应该根据实际情况及时修改供应商评估标准，或者进行新的供应商评估。合格的供应商队伍应当始终保持动态，形成一种激励机制和竞争机制，从而促使供应商注重和改进产品质量。

（6）以质量为前提

在评估指标体系中，质量是最基本、最重要的前提，虽然价格也很重要，但只有在保证质量的前提下，讨论价格才有意义。此外，供应商评估指标体系中，行业地位、声誉、信用状况、领导的素质也具有很重要的参考价值。

建立供应商评估指标体系的优点是可以避免在选择供应商时掺入过多的主观成分，从而加强质量管理，选择出优秀的供应商。

具体做法：质量管理部门负责向采购部门提供进厂材料的质量数据；采购部门负责选择供应商和安排订货；两部门共同对供应商进行评分。

1.2.4 产品制造过程的质量管理

将一个理想的产品设计由图样变成实物，是在生产制造过程中实现的。工业产品在生产车间工艺加工全过程（即从投料开始到制成品的整个制造过程）的质量管理，称为制造过程的质量管理。产品在生产制造过程中，其质量高低要受到操作者、原材料、机器设备、方法、工具、环境等多种因素的影响，只有对这些因素实行有效的控制，才能使产品质量达到质量标准。因此，生产制造工程质量管理的重点是保证形成一个能稳定生产合格产品的生产系统，变事后的检验为事前的控制。

1.2.4.1 制造过程的质量职能

工业产品在生产车间工艺加工全过程的质量管理，称为制造过程的质量管理。具体地说，就是要建立一个控制状态下的生产系统，以便能够稳定地、持续地生产符合设计质量的产品，并能够保证合格产品的连续性和再现性。

产品在生产制造过程中，其质量高低要受到操作者、原材料、机器设备、加工方法、工具和环境等多种因素（5M1E，即人、机、料、法、测、环）的影响，只有对这些因素实行有效控制，才能使产品品质达到质量标准。

其重点是稳定生产合格产品的生产系统，变事后的检验为事前的预防控制。其内容包括生产技术准备的质量管理和基本制造过程的质量管理。

产品正式投产后能不能保证达到设计质量标准，很大程度取决于制造部门的技术能力以及生产制造过程的质量管理水平。管理思路：①质、量、期三位一体。②按质、按量、按期完成计划是生产制造的首要任务，而完成这一任务的主要依据则是工艺标准、制造质量控制计划和生产作业计划，这三者必须事先协调、平衡，不可偏废。按质量职能办事。企业必须明确各有关部门服务、生产现场的质量职能，各司其职，各负其责。③点、线、面相结合。对关键、特殊工序的重要质量特性和部位设立工序质量控制点，实行重点管理；对重要生产线以控制点为核心，连点成线建立重要生产线的现场质量控制系统；对所有工序均按生产工艺规定运用各种质量控制方法进行全面控制。④预防和把关相结合并以预防为主。防患于未然，做到既管理工序因素，又管理制造结果。

制造过程的质量职能是为了实现设计质量标准，保证对设计的符合性质量，加强对影响工序的各种因素的管理与控制，以便高质量、稳定和经济地生产制造出用户满意的产品。主要体现在以下三个方面：①严格贯彻执行制造质量控制计划。②保证工序质量处于控制状态。③有效地控制生产节奏和确保均衡生产。

制造过程的质量职能活动包括：明确质量责任；合理组织生产；加强岗位培训；提供设备保障；提供计量保障；保证物资供应；严肃工艺纪律；执行"三自一控"（自检、自分、自作标记，控制自检正确率）；控制关键工序；加强再制品管理；加强质量信息管理；组织文明生产；搞好技术文件与资料的管理；严格工艺更改控制；加强检查考核。

1.2.4.2 生产技术准备的质量管理

生产技术准备的质量管理是根据产品设计要求和生产规模，把材料、设备、工装、能源、测量技术、操作人员、专业技术人员与生产设施等资源系统地、合理地组织起来，明确规定生产制造方法和程序，编制各种工艺技术文件，分析影响质量的因素，采取有效措施，明确生产规定的工艺方法和工艺过程正常进行，使产品的制造质量稳定地符合设计要求和控制标准。

生产技术准备的质量对确保制造质量、提高工作效率、降低制造成本、增加经济效益将起到决定性的作用。

（1）主要内容

制订制造过程的质量控制计划，是指编制工艺技术文件，保证各生产作业按规定的方法和顺序在受控条件下进行。制订制造控制过程的质量控制计划涉及工艺准备的各项职能活动，计划的内容视实际需要选择、确定，通常包括下列几个主要方面：

①审查、研究产品制造的工艺性。确保生产过程的顺利进行。

②确定工艺方法、工艺路线、工艺流程和计算机软件。

③选择与质量特性要求相适应的设备，配备必要的仪器、仪表。

④对采用的新材料、新工艺、新技术、新设备进行试验、验证。

⑤设计、制造、验证专用工装、储运工具和辅助设备。

⑥确定产品的主要质量特性，制订工序质量控制计划。

⑦培训操作人员，对特殊工序的操作与验证人员进行资格培训、考核与认可。

⑧判断合理的材料消耗定额与工时定额。

⑨确定产品在形成适当阶段的合适验证，对所有特性和要求明确接受标准。

⑩对零部件和成品放行、交付和交付后的活动实施进行控制。

⑪研究改进制造过程质量和工序能力的措施和方法。

⑫确定和准备制造过程的质量记录图表和质量控制文件与质量检验规范等。

（2）验证工序能力

工序能力是体现工序质量保证的重要参数，是指工序能够稳定地生产合格产品的能力，即工序处于受控状态下的实际加工能力。

①工序能力检验的重点是对产品质量有重大影响、与产品或工序特性有关的作业。

②工序能力验证检验的内容包括材料、设备以及计算机系统、软件、程序、人员。

③工序能力验证活动一般有三个层次：单工序验证；零部件单条生产线的验证；产品全部生产线的验证。

要保证工序能力稳定地符合产品规范的要求，除了验证之外，关键还在于控制，即进行工序质量控制。

（3）制定工艺文件

工艺文件是产品制造过程中用来指导工人操作的技术文件，是企业安排生产计划、实施生产调度、劳动组织、材料工艺、设备管理、质量检查、工序控制等的重要依据。包括：检验规程、工装图样、工时定额表、原材料消耗定额表，以及工序质量控制点明细表、工序质量分析表、作业指导书、检验计划、检验指导书；工艺评定书和技艺评定准则；编制和维护计算机软件。

形式有工艺流程图、工艺过程卡、工艺卡、操作规程、工艺守则、检验卡、工艺路线。

对制定的工艺文件必须贯彻执行，并保持相对的稳定性，若需修改，必须按规定的程序进行审批，以确保工艺文件的质量。

（4）人员准备

操作人员应知道做什么和怎么做。

①操作人员的组织与培训。包括：责任感等方面的企业精神教育，必须掌握的工艺技术知识，产品的技术要求，技术要求和操作工序之间的关系，违反工艺设计规定的操作规程所产生的严重后果，预防缺陷和质量控制的方法。

②操作人员的选择和准备。

③特殊工序操作人员的资格认定。

（5）物资和能源的准备

物资是指原材料、外购配套件、外协加工件等。能源是指企业所需要的水、电、气、暖等。企业根据工艺设计制定的材料消耗定额和市场预测以及用户订货的数据编制物资供应计划。根据工艺设计所制订能源消耗定额和年产量来编制需求计划。

（6）机械装备准备

机械装备准备包括提供工艺生产设备和工艺装备两方面内容。企业根据工艺设计要求，工艺加工方法和工艺参数等设计或选择工艺生产设备，并且要按工艺设计配备足够的工艺加工所需的刃具、夹具、模具、量具、检具、辅助工具等工艺装备。

（7）对加工条件的调理

生产技术准备的质量管理，除了以上所述的各项工作之外，还应注意对加工条件（如辅助材料、公用设施和环境条件）的调理，使之有利于产品质量的提高。

1.2.4.3　基本制造过程的质量管理

定义：指材料进厂到形成最终产品的整个过程对产品质量的控制。

职能：根据产品设计和工艺文件的规定以及制造质量控制计划的要求，对各种影响制造质量的因素实施控制，以确保生产制造出符合设计意图和规范质量并满足用户或消费者要求的产品。

基本任务：严格执行制造过程质量控制计划，实施制造过程中各个环节的质量保证，以确保各工序处于受控状态，保证工序质量水平，有效地控制生产节奏，及时处理各种质量问题，建立能够稳定地生产出符合质量水平要求的产品的生产制造系统；严格贯彻设计意图和执行技术标准，均衡地按照规范和图样的要求组织生产，使产品达到质量标准。

主要环节：加强工艺管理，执行工艺规程或作业指导书的规定；加强预防，严把质量关，强化过程检验；坚持文明生产和均衡生产；应用统计技术，掌握质量动态，开展失效模式及影响分析，减轻已识别的风险；加强对不合格产品的控制；建立产品标识，实施防误措施和可追溯性过程的控制（质量可追查性）；综合运用工序质量控制方法，建立健全工序质量控制点；验证状态的控制，规定并实施产品防护（包括标识、搬运、包装、贮存和保护）；制作过程的质量经济分析。

主要涉及内容：物资管理、设备管理、工序文件更改管理、工序质量控制点的设置、工序控制方法的运用、防误措施和质量可追查性等。

（1）物料管理

物料管理是保证企业的生产经营活动顺利进行、达到预期目标的物质基础，包括：

①在投产前确保所有的材料、外购零部件均应符合相应的规范和质量标准。

②在生产过程中，注意物资（材料、毛坯、半成品、成品、工具工装等）的合理堆放（摆放）、隔离、搬运储存期和妥善保管，严防磕、碰、划、伤、锈、变质、混料等影响物资质量的现象发生，以保持各种物资的适用性。

③在物资流转过程中（整个生产制造过程的物流运动），应明确和保持各种物资的识别标记（如打号、印记等），以确保其能够被及时、快捷、顺利识别，并保持各种物资质量状况的可追溯性。

（2）机械设备管理

设备质量的好坏直接影响产品的质量。加强设备管理，保持设备加工精度的稳定性，对于提高产品质量有着直接的意义。生产制造过程中设备管理的主要工作有：

①在使用前对所有的生产设备（包括机器、夹具、工装、工具样板、模具、计量器具等）严格检验其准确度和精密度，并特别注意工序控制中使用的计算机及其软件的维护。

②根据生产的产品特点和工艺要求，合理配备设备和安排生产任务及设备负荷，并为设备创造良好的工作条件和配备具备一定熟练程度的操作者，建立健全使用与保养设备的规章制度，保证设备的正确使用。

③建立设备档案资料，做好设备编号登记和各种状态记录，加强设备的日常管理。

④为了有效地对设备进行预防性保养，应拟订设备的预防性保养计划，并认真组织计划的实施，以确保设备具有和保持持续而稳定的工作能力。

⑤为了保持设备的良好状态，首先要依靠生产员工正确使用和认真维护保养，及时消除隐患，使设备完好率保持在 90% 以上；其次要有专门的设备检修队伍来为生产服务。

（3）工艺文件的更改管理

现场生产用到的工艺文件，难免有所更改，特别是多品种小批量生产的企业，改动的频次更高。为了有的放矢地组织更改，避免出现混乱，工艺更改的管理应注意：

①明确规定工艺的责任和权限以及审批程序，必要时还需经用户同意。

②需要对设计的文件进行更改时，应按规定的程序及时修改工艺，包括相应的设备、工具、材料等。

③对工艺的更改，要保证更改内容和形式的准确性、准时性、统一性和一致性。

④在每次工艺更改后，应对产品进行评价，用于验证更改后的产品质量是否达到预期效果。

⑤由于工艺更改而引起的工序与产品特性之间的变化，应写进有关技术文件，及时通知有关部门和人员。

（4）工序质量控制点的设置

工序质量控制点是指在质量活动中需要重点进行控制的对象或实体。就产品而言，它可以是硬件产品的关键部位或零件，也可以是软件产品的环节或程序，还可以是流程性材料的重要工艺过程；在服务过程中，它可以是关键部门、关键人员和关键因素。

工序质量控制点的设置应考虑以下因素：

①对产品的适用性（性能、精度、寿命、可靠性、安全性等）有重要影响的关键质量特性、关键部位，应设置工序质量控制点。

②对在工艺上有严格要求，对下道工序有重要影响的关键质量特性、部位，应设置工序质量控制点。

③对质量不稳定、出现不合格品较多的项目，应设置工序质量控制点。

④对紧缺物资或可能对生产安排有重要影响的关键项目，应设置工序质量控制点。

工序质量控制设置的步骤：

①结合有关的质量体系文件，按照质量环明确关键环节和部位，然后在程序文件和操作者指导书中明确需要特殊控制的质量体系和主导因素。

②由设计、工艺和技术等部门分别确定本部门所负责的工序质量控制点，然后编制工序质量控制点明细表，并经批准纳入质量体系文件中。

③编制工序质量控制点流程图，在明确关键环节和工序质量控制点的基础上，要把不同的工序质量控制点根据不同的流程阶段分别编制出工序质量控制点流程图，并以此为依据在生产现场设置质量控制点和质量控制点流程图。

④编制工序质量控制点作业指导书，根据不同的工序质量控制点的特殊质量控制要求，编制出工艺操作卡或自检表与操作指导书。

⑤编制工序质量控制点管理办法。

⑥正式验收工序质量控制点。

以上做法和编制的文件都要与质量体系文件相结合，并经过批准正式纳入质量体系中有效运转。

（5）工序控制方法的运用

工序控制就是要判断加工过程是否符合各种规定的标准，以及判断生产制造过程是否稳定。如果发现偏差，就要分析原因，及时采取措施，以保证稳定生产合格品。这是保证制造质量的最有效措施。

由于工序能力受到许多因素的影响，而且各种工序的主导因素也不相同，因此不可能对各种工序都采用同一种模式来进行控制，而应该根据各种工序的主导因素，通过工序标准化，使设备、材料、方法、人员和环境等因素的变化量控制在某一范围内，并采取相应的工序控制方法来对这些因素进行控制，可以有效地控制工序质量。

（6）产品制造的防误措施

经验表明，产品的质量事故，往往不只限于技术方面的原因，人为的因素也常常占很大的比例。这种人为的差错可以通过采用机械化、自动化等方式，或采用一些相应的装置，使操作失误或疏忽造成的人为差错不发生或使差错降低至最低限度。

常见的防误措施主要有以下几种：

①保险措施　进行连锁程序设计；设置报警或截断装置；设置解除报警信号；设置确

保安全的装置。

②感官的扩大　安装提示物和定位装置；适当增加照明强度；实行遥控观察；利用多种识别代号和信号。

③多重把关　要经过多重检验；要经过多重批准。

④倒数检查程序。

（7）制造过程中的质量可追查性

可追查性又称可追溯性，是指根据记载的标志，追踪实体的历史、应用情况和所处场所的能力。生产制造过程中的质量可追查性是指具有鉴别产品及其由来的能力。具体来说，它是指在制造质量形成的过程中，运用科学的管理手段，准确掌握各个因素对质量的影响，明确每个部门、每个班组以及每个人员的质量责任，做到质量情况有据可查，最终保证产品质量。

制造过程的质量可追查性的好处在于：

①可以加强对质量波动的观察、控制，保证只有质量合格的材料和零件才能进入最终产品，只有合格的产品才能出厂。

②便于进行质量分析，查明缺陷的起因和责任者，进一步改进质量，并使维修和补救费用降到最低。

③可以在精确无误的基础上回收质量可疑的产品，不用大量回收或全部回收，避免造成制造企业和用户的重大经济损失。

④通过提供各种明显标志，避免产生混淆。

制造过程质量可追查性的方法：

①批次管理法　对重大、精密产品应加强批次管理，保证零件、部件、组件批次标志清楚、记录齐全，达到质量信息可追查性。质量产品往往价值很高，使用中出现质量危险大。

②日期管理法　对于连续生产、价值较低的产品，一般采用日期编号作为可追查的标志。

③连续编号管理法　在消费品和工业产品制造中广泛采用连续编号来区别单位产品的生产、制造和装备情况。

（8）标准执行的追查

搞好标准化，加强标准执行过程和执行结果的追查，即以标准为线索进行追查，可以明确质量责任，提高企业的经济效益。

对标准执行的情况进行追查的方式，有以下几种：

①在制造过程各环节要建立和保存原始记录，准确掌握产品的材料来源、工艺因素、加工数据和检验数据，与标准对照，确保符合标准。

②建立工艺纪律检查制度，每月数次随机检查，并建立工艺纪律检查记录，如实记录每次的检查情况。

③充分发挥工段长、班组长、质量检验人员对标准执行情况的监督作用。

（9）文明生产的管理

企业的文明生产水平代表了企业经营管理的基本素质，良好的生产秩序和整洁的工作场所，是保证产品质量的必要条件，是消除质量隐患的重要途径。

企业文明生产是制造过程质量管理的重要内容，国内外成功企业总结其经验，都在坚持文明生产方面取得共识。

日本企业界提出整理（Seiri）、整顿（Seiton）、清扫（Seiso）、清洁（Seiketsu）、素养或身美（Shitsuke）的"5S"活动，就是文明生产的一种表现，其主要目的是保证质量、降低消耗、增加效益。

（10）现场生产的管理

现场生产的管理又称现场管理，就是对全部生产过程的经济活动进行组织、监督调节工作，检查加工件是否按照计划和规定进行生产，如发现不符合计划和规定要求之处，要及时采取措施予以纠正。

生产家具的企业或车间，应该重点抓好以下几项管理工作：

①建立岗位经济责任制　经济责任制是以提高经济效益为目的，责任、权力、利益紧密结合的生产经营管理制度。

②做好质量基础工作　整顿和健全原始记录；做好废次品的统计分析工作；建立产品质量档案；定期召开质量动态分析会。

③严格执行工艺规程，不断提高产品的质量　任何生产制造过程，其质量管理的核心问题，都是如何采取有效措施，使生产过程经常处于稳定受控状态，以保证和提高产品质量的问题。应提高加工工艺的质量，不断改进和革新工艺，改变不重视工艺的现状。

④建立工序质量控制，加强对半成品的检验　全面质量管理的重要原则是以预防为主，在产品的生产过程中进行工序把关，及时发现质量差错和问题，防患于未然，确保产品的质量。

加强工序质量控制和半成品检验，应从以下方面入手：确定关键工序，建立控制点；制定半成品标准；设立班组兼职的检验员。

⑤掌握质量信息，开展信息反馈　质量信息是指反映产品质量和产、供、销各环节工作质量情况的基本数据、原始记录，以及产品使用过程中反映出来的各种情报资料。把质量信息如实地反映出来，并及时传送给有关部门或人员的过程叫质量信息反馈。企业应建立内外质量信息反馈管理网。质量信息反馈的工作步骤：收集信息→分析情况→查找原因→列出重点→采取对策。

⑥充分发挥质量管理（QC）小组的作用　QC小组的形式：a.以行政班组为基础；b.由企业领导、管理干部、技术人员和工人组成的QC公关小组。QC成果发表会：可以激励员工和交流经验并且接受监督。

1.2.5　零部件及产品检验的质量管理

规范质量检验程序。检验程序应该包括原材料（零部件）、工序、成品、出库四个环节，各环节需用检验报告单和其他相关表单进行严格记录，交办公室备案存档。

原材料检验材料进厂时，采购员对材料的供货厂家、材料名称、型号、等级、数量、日期、价格等进行核查，并按检验标准对材料进行检验。检验结果应书面记录，填写原材料《入库检验记录表》，详细注明检验情况。仓库管理员依据《入库检验记录表》确定是否进仓，物料必须经检验合格方可入库，仓管必须对入库检验做好汇总记录，对物品做好标识，分类放置，妥善保管。

工序检验生产员工接到生产任务的同时，必须要了解所加工的型号、规格、数量、图纸尺寸以及工艺要求，按要求生产，不能随便改变流程和要求。生产人员领取材料时，应注意观察材料是否合格。未经检验或者检验不合格的材料，车间不得投入生产使用，并及时反馈。生产部、质检部负责对各工序的质量进行控制和监督，按照成品工序质量检验要求进行检验和监督，对各工序进行巡查和抽样检查，并做好记录。各工序生产人员严格进行首检、自检、互检、交接检，如果发现质量问题，立刻停止生产，及时上报有关负责人，进行检验隔离，做好工序检验记录，保证各工序生产质量。

成品检验产品组装完成后，将成品放至待检验区，质检员按照成品质量标准及检测方法进行检验。质检部随着成品的生产，随出随检。成品全部检验，检验结果要求书面记录，填写《成品检验记录表》，并出具检验结论。合格品入库，不合格品返修。不合格品三日内修理完毕，进行成品检验。无法进行修理地进行报废。成品检验合格后，将检验结果汇总，填写《成品质量检验及入库汇总表》，随同产品入库。

出库检验仓库保管员向安装人员移交合格产品时，安装人员对产品进行检验，必须填写《出库检验记录表》，详细记录。对检验发现或抽检不合格的产品或其他严重问题，停止发货，经检查合格后才可发货。产品检验合格后出库，并根据产品特点进行包装运输，做好成品保护，防止产品在搬运过程中损坏。

1.2.6　产品销售服务过程的质量管理

1.2.6.1　销售服务过程的质量职能

（1）产品销售的基本任务

掌握市场情况，扩大传统市场，开发潜在市场，提高本企业产品的市场占有率。要在市场竞争中维护企业的权益和树立企业的信誉，以提高企业和产品的社会知名度，并努力降低销售成本，提高企业的综合经济效益。

（2）产品销售的质量职能

确定国内外目标市场并制定具体的营销策略，开发和建立营销渠道、销售服务网点；开展市场研究，确定用户和市场对产品的要求和期望，向设计开发部门提供初始的产品规范，向企业有关职能部门提供用户和市场对本企业产品需求和期望的信息，并促进其提高满足营销要求的能力；确定并实施企业的商标和广告策略，策划并提供产品介绍，开展宣传，提高产品知名度以及产品在市场上的信誉；制订、实施、控制企业的产品销售计划，确保实现企业的市场营销目标；组织、实施、监控对产品的搬运、贮存、包装、防护、交付、安装、服务；建立营销职能的信息反馈系统，了解用户和市场对本企业产品的需求和期望，获得用户对产品的评价信息，掌握产品在整个寿命周期内质量特性的表现与演变情况；策划并制订营销人员的培训计划，建立培训档案；做好营销职能范围所需的质量记录并实施全过程控制。

1.2.6.2 产品售前的质量管理

（1）产品包装

包装的特性包括：适用性、美观性、可靠性、安全性、耐用性、经济性。

（2）产品的识别标志

标志和标签的字迹清晰、图案美观、牢固耐久，符合规范要求；产品从出厂、接收、交付直到最终到达用户手中，均须保持识别标志的完整；随货附件和特殊附件等也必须有明显的识别标志；产品标志应便于识别，如产品有质量问题，可将识别标志追回；产品商标需要注册，注册商标是企业在产品上具有专用权的"厂牌"。

（3）产品的搬运、储存、防护、安装和交付

家具产品的搬运、储存、防护、安装和交付详见下图。

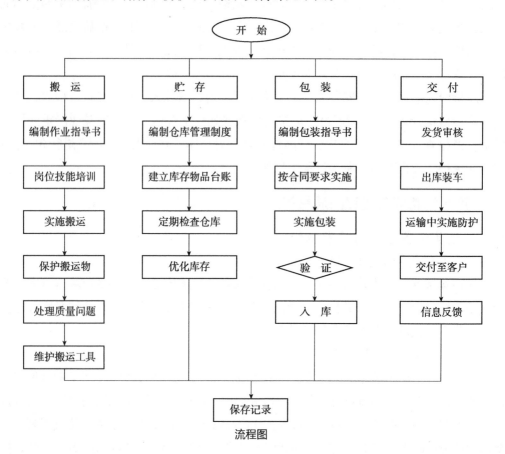

流程图

1.2.6.3 产品售后的质量管理

（1）售后服务的作用

售后服务有助于迅速、有效、持久地发挥产品的功能和社会效益；有助于高效快速地解决用户在使用产品时出现的各种技术问题，保证用户产品连续、稳定高效地运行；有助于提高产品信誉，促进产品销售；有助于生产企业直接倾听顾客的意见，了解顾客的需求，设计出更好的产品；有助于向顾客介绍产品、引导消费。

（2）售后服务的内容

咨询介绍服务；技术培训服务；"三包服务"；维护服务（定点维修、上门维修、巡回服务）；访问服务。

1.2.6.4 现场使用质量信息的收集与管理

（1）顾客意见的分析和处理

造成用户意见多少的原因：产品质量不好，但顾客没有提意见；顾客意见有假象；单价对顾客意见的影响；时间对顾客意见的影响。

（2）现场使用质量信息的管理

确定信息内容；选择合适的信息收集方法；对现场使用信息进行管理。

1.3 质量检验

质量检验是质量管理体系工作中一个不可缺少的组成部门。从质量管理发展史来看，质量检验曾经是保证产品质量的主要手段。质量管理体系是在过去质量检验的基础上发展起来的。质量检验是质量管理体系的基础，这个基础不扎实，质量管理体系的基础就不牢固。因此，开展质量管理工作绝不意味着削弱或取消质量检验工作，相反，只有进一步加强质量管理工作，才能更有效地发挥质量检验的作用。

1.3.1 质量检验的含义与任务

检验就是通过观察和判断，适当结合测量、试验所进行的符合性评价。对产品而言，是指根据产品标准或检验规程对原材料、中间产品、成品进行观察，适当进行测量或试验，并把所得到的特性值和规定值作比较，判定出各个物品或成批产品合格与不合格的技术性检查活动。质量检验就是对产品的一个或多个质量特性进行观察、测量、试验，并将结果和规定的质量要求进行比较，以确定每项质量特性合格情况的技术性检查活动。检验的四要素如下：

（1）度量

采用试验、测量、化验、分析与感官检查等方法，测定产品的质量特性。

（2）比较

将测定结果同质量标准进行比较。

（3）判断

根据比较结果，对检验项目或产品作出合格性的判定。

（4）处理

对单件受检产品，决定合格放行还是不合格返工、返修或报废；对受检批量产品，决定接收还是拒收。对拒收的不合格批产品，还要进一步作出是否重新进行全检或筛选甚至报废的结论。

1.3.2 质量检验的职能与要求

在产品质量形成的全过程中，为了最终实现产品的质量要求，必须对所有影响质量的活动进行适宜而连续的控制，而各种形式的检验活动正是这种控制必不可少的条件。质量检验作为一个重要的职能，其表现可概括为以下四个方面：

（1）鉴别功能

根据技术标准、产品图样、作业（工艺）规程或订货合同的规定，采用相应的检测方法观察、试验、测量产品的质量特性，判定产品质量是否符合规定的要求，这是质量检验的鉴别功能。鉴别是把关的前提，通过鉴别才能判断产品质量是否合格。不进行鉴别就不能确定产品的质量状况，也就难以实现质量"把关"。鉴别工作主要由专职检验人员完成。

（2）把关功能

质量把关是质量检验最重要、最基本的功能。产品实现的过程往往是一个复杂过程，影响质量的各种因素（人员、机械、材料、方法、环境）都会在这个过程中发生变化和波动，各过程（工序）不可能始终处于等同的技术状态，质量波动是客观存在的。因此，必须通过严格的质量检验，剔除不合格品并予以"隔离"，不合格的原材料不投产，不合格的产品组成部分及中间产品不转序、不放行，不合格的成品不交付（销售、使用），严把质量关，实现质量检验的把关功能。

（3）预防功能

现代质量检验不单纯是事后把关，同时要起到预防的作用。检验的预防作用体现在以下几个方面：

①通过过程（工序）能力的测定和控制图的使用起预防作用　无论是测定过程（工序）能力或使用控制图，都需要通过产品检验取得批数据或一组数据，但这种检验的目的，不是判定这一批或一组产品是否合格，而是计算过程（工序）能力的大小和反映过程的状态是否受控。如发现能力不足或控制图出现了异常因素，需及时调整或采取有效的技术、组织措施，提高过程（工序）能力或消除异常因素，恢复过程（工序）的稳定状态，以预防不合格品的产生。

②通过过程（工序）作业的首检与巡检起预防作用　当一个班次或一批产品开始作业（加工）时，一般应进行首件检验，只有首件检验合格并得到认可时，才能正式投产。此外，当设备进行了调整又开始作业（加工）时，也应进行首件检验，其目的都是预防出现成批不合格品。而正式投产后，为了及时发现作业过程是否发生了变化，还要定时或不定时到作业现场进行巡回抽查，一旦发现问题，可以及时采取措施予以纠正。

③广义的预防作用　实际上对原材料和外购件的进货检验，对中间产品转序或入库前

的检验，既具有把关作用，又具有预防作用。前过程（工序）的把关，对后过程（工序）就是预防，特别是应用现代数理统计方法对检验数据进行分析，就能找到或发现质量变异的特征和规律。利用这些特征和规律就能改善质量状况，预防不稳定生产状态的出现。

（4）报告功能

为了使相关的管理部门及时掌握产品实现过程中的质量状况，评价和分析质量控制的有效性，把检验获取的数据和信息，经汇总、整理、分析后写成报告，为质量控制、质量改进、质量考核以及管理层进行质量决策提供重要信息和依据。

质量报告的主要内容包括：

①原材料、外购件、外协件进货验收的质量情况和合格率。

②过程检验、成品检验的合格率、返修率、报废率和等级率，以及相应的废品损失金额。

③按产品组成部分（如零、部件）或作业单位划分统计的合格率、返修率、报废率及相应废品损失金额。

④产品报废原因的分析。

⑤重大质量问题的调查、分析和处理意见。

⑥提高产品质量的建议。

1.3.3　质量检验分类

（1）按检验的数量特征划分检验方式

①全数检验　就是对待检产品批 100% 地逐一进行检验，又称全面检验或 100% 检验。

全数检验的局限性和缺点包括：检验工作量大，周期长，成本高，占用的检验人员和设备较多，难以适应现代化大生产的要求；由于受检个体过多，会导致检验标准降低或检验项目减少，从而削弱了质量保证程度；受各种因素的影响，差错难以避免；不适用于破坏性或检验费昂贵项目。

全数检验常用于：精度要求较高的产品或零部件；对后续工序影响较大的质量项目；质量不太稳定的工序；需要对不合格交验批进行 100% 重检及筛选的场合。

②抽样检验　是按照数理统计原理预先设计的抽样方案，从待检总体（一批产品、一个生产过程等）取得一个随机样本，对样本中每一个体逐一进行检验，获得质量特性值的样本统计值，并和相应标准比较，从而对总体质量作出判断（接收或拒收、受控或失控等）。

抽样检验的缺点表现在以下两方面：被判定为合格的总体，会混杂一些不合格品；抽样检验的结果是对整批产品而言，因此错判合格批为不合格批而拒收，将不合格判定为合格，造成的损失往往很大。

抽样检验常用于抽样检验适用于全数检验不必要、不经济或无法实施的场合，应用非常广泛。

（2）按检验的质量特性值的特征划分检验方式

①计数值　适用于质量特征值为计点值或计件值的场合。

②计量值　适用于质量特征值为计量值的场合。

（3）按检验方法的特征划分检验方式

①理化检验　应用物理或化学的方法，依靠量具、仪器及设备装置等对受检物进行检验。理化检验通常测得检验项目的具体数值，精度高，人为误差小。

②感官检验　依靠人的感觉器官对质量特性或特征作出评价的判断，如产品的形状、颜色、气味、伤痕、污损、老化、氧化程度等，往往要靠人的感觉器官来进行检查和评价。

（4）按检验对象检验后的状态特征划分

①破坏性检验　破坏性检验后，受检物的完整性遭到破坏，不再具有原来的使用功能，如寿命试验、强度试验等。此检验只能采取抽样检验方式。

②非破坏性检验。

（5）按检验实施的位置特征划分

①固定检验　即集中检验，是指在生产单位内设立固定的检验站，各工作地上的产品加工以后送到检验站集中检验。

②流动检验　由检验人员直接去工作地检验。

（6）按检验目的的特征划分

①验收检验　如半成品的入库检验、产成品的出厂检验等。验收检验目的是判断受检对象是否合格，从而作出接收或拒收的决定。

②监控检验　也称过程检验，目的是检定生产过程是否处于受控状态，以预防由于系统性质量因素的影响而导致的不合格品大量出现。

（7）按实际检验活动划分检验方式

企业产品质量的实际检验活动通常可以分为三种类型，即进货检验、工序检验和完工检验。

①进货检验　进货检验是对外购货品的质量验证，即对采购的原材料、辅料、外购件、外协件及配套件等入库前的接收检验。进货必须有合格证或其他合法证明，否则不验收。进货检验有首件（批）样品检验和成批进货检验两种。

a. 首件（批）样品检验　通常用于以下三种情况：供方首次交货；供方产品设计或结构有重大变化；供方产品生产工艺有重大变化。

b. 成批进货检验　是对按购销合同的规定供方持续性后继供货的正常检验。针对货品的不同情况，有以下两种检验方法：

分类检验法：对外购货品按其质量特性的重要性和可能发生缺陷的严重性，分成A、B、C三类。A类是关键的，必须进行严格的全项检查；B类是重要的，应对必要的质量特性进行全检或抽检；C类是一般的，可以凭供货质量证明文件验收或作少量项目的抽检。

抽样检验：对正常的大批量进货，可根据双方商定的检验水平及抽样方案，实施抽样检验。

②工序检验　目的是加工过程中防止出现大批不合格品，避免不合格品流入下一道工序。工序检验通常分为三种形式：

首件检验：是指每个生产班次刚开始加工的第一件或加工过程中因换人、换料、换活以及换工具、调整设备等改变工序条件后加工的第一件产品。目的是尽早发现问题，防止系统性质量因素导致产品成批报废。首件检验一般采用"三检制"的办法，即先由操作者自检，再由班组长或质量员复检，最后由检验员专检。无论在何种情况下，首件未经检验合格，不得继续加工或作业。检验人员必须对首件的错检、漏检所造成的后果负责。

巡回检验：要求检验人员在生产现场对制造工序进行巡回质量检验。检验人员应按照检验指导书规定的检验频次和数量进行检验，并做好记录。工序质量控制点应是巡回检验的重点。检验人员应把检验结果标在工序控制图上。巡回检验对检验人员提出了较高的素质要求，也是检验人员充分发挥职能作用的检验方式。检验人员在认真履行检验职能的同时，还应积极主动地帮助操作员树立"质量第一"的思想意识，分析质量因素，提高操作技术。当巡回检验发现工序质量出现问题时，不能有情面观念，要严格把关。一方面，要和操作工人一起找出工序异常的原因，采取有效的纠正措施，恢复工序受控状态；另一方面，必须对上次巡回检后到本次巡回检前所有的加工工件全部进行重检或筛选，以防不合格品流入下道工序或用户手中。

末件检验：指主要靠模具、工装保证质量的零件加工场合，当批量加工完成后，对最后一件或几件进行检查验证的活动。目的是为下批生产做好生产技术准备，保证下批生产时能有较好的生产技术状态。末件检验应由检验人员和操作人员共同进行。检验合格后，双方应在末件检验卡上签字。

③完成检验　又称最终检验，是全面考核半成品或成品质量是否满足设计规范标准的重要手段。完工检验可以是全数检验，也可以是抽样检验，应该视产品特点及工序检验情况决定。

1.3.4　质量检验的组织管理

为确保产品质量，必须对产品及形成过程实施有效的质量控制，包括对产品的质量进行检验。因此，要设立评定质量的专门机构（大、中型生产单位）或专（兼）职人员（小型生产单位），即质量检验机构或专（兼）职检验人员（本教材主要讲质量检验机构）。设立质量检验机构，确定其主要工作范围，要考虑检验的基本功能，组织其他机构的设置及和检验机构的接口。

1.3.4.1　检验机构

（1）检验机构的任务

①宣传贯彻产品质量法律、法规。组织内的质量检验部门既代表产品生产者，又代表顾客和国家对产品进行检验、对质量进行监督的技术部门。为搞好质量检验工作，质量检验部门中的每个人既要自己认真学习、宣传和贯彻有关产品质量的法律、法规，还要广泛

宣传和认真贯彻执行，做到既对企业负责，又要对顾客、消费者和国家负责。

②编制和控制质量检验程序文件。质量检验程序文件是质量管理体系文件中的重要组成部分。检验程序文件是组织的质量检验部门在执行检验工作时必须遵循的规范或准则。

检验程序文件的内容，就是将组织中质量检验工作要做哪些工作，有哪些具体要求或规定，系统地写成程序文件，人们通常将程序文件称为质量检验的管理标准、工作标准或管理制度。

检验程序文件的编制，一般应由质量检验部门起草，质量管理部门协调，经最高管理层批准后纳入质量管理体系文件，并在实施过程中保持文件现行有效。

③质量检验用文件的准备和管理

质量检验用文件是进行质量检验工作的依据。为了开展质量检验工作，质量检验部门必须备齐以下现行的、有效的质量检验用文件：

设计部门提供的文件：a. 产品技术标准；b. 产品图样（成套的）；c. 产品制造与验收技术条件；d. 关键件与易损件清单；e. 产品使用说明书；f. 产品装箱单中有关备品品种与数量清单等。

工艺部门提供的文件：工艺规程；检验规程；工艺装备图样；工序控制点的有关文件等。

销售部门提供的文件：产品订货合同中有关技术与质量要求；顾客特殊要求等。

标准化部门提供的文件：有关的国家标准；有关的行业标准；有关的企业标准；有关标准化方面的资料等。

根据产品生产的不同阶段，配齐不同的质量检验用文件。例如，产品试制阶段，应配齐试制用产品图样、有关技术标准；成批生产阶段，应配齐正式投产用产品图样、产品技术标准、工艺规程及有关的国家标准及行业标准等。

当对设计文件或工艺文件进行修改时，应及时对质量检验部门使用的设计文件或工艺文件一并进行修改，以保证质量检验部门使用的各类质量检验用的文件长期有效，并符合"完整、正确、齐全和统一"的要求，确保质量检验依据的正确性。

④产品形成全过程的质量检验

产品生产者设置质量检验部门的目的就是对产品进行质量"把关"。质量检验部门按照程序文件规定和检验作业指导书规定的具体方法对产品和产品形成的全过程进行质量"把关"是其最基本的工作任务。它是通过在组织内部设置的理化室、计量室，在产品形成过程的各阶段过程控制点设置检验站等检验实体，履行质量检验职责，实现对日常生产全过程的产品检验，确保最终产品质量符合技术文件规定要求，确保不合格品不转序、不放行、不交付并实行有效隔离。

⑤检测设备的配置和管理

产品生产者对检验和试验所需的检测、计量器具、测试仪器设备和各种专用量、检具等的正确使用和严格管理，是确保质量检验结果准确、可靠的基本条件。检验部门应会同设计部门、工艺部门等按照产品或零部件的技术要求研究确定、合理配置精度适宜的计量器具和测试、试验设备,工艺过程各工序的质量控制所用检验量器具和测试仪器设备一般由工艺部门编制工艺规程时确定。检验部门应组织质量检验有关人员学习,掌握正确的使用方法并做好维护保养工作。

对检验用的计量器具、测试设备等必须按规定进行检定或校准,并妥善管理,确保量值准确可靠。

(2)质量检验机构的权限

为了开展好质量检验工作,实现质量职能,根据有关法律、法规及政策规定,生产组织的最高管理者应赋予质量检验部门必要的权限,其中主要有:

①有权在生产组织内认真贯彻产品质量方面的方针、政策,执行检验标准或有关技术标准。

②按照有关技术标准的规定,有权判定产品或零部件合格与否。

③对购入的形成产品用的各种原材料、外购件、外协件及配套产品,有权按照有关规定进行检验,根据检验结果确定合格与否。

④交检的零部件或产品,由于缺少标准或相应的技术文件,有权拒绝接受检查。

⑤对产品或零部件的材料代用有权参与研究和审批。

⑥对于忽视产品质量,以次充好、弄虚作假等行为,有权制止、限期改正,视其情节建议给予责任者相应处分。

⑦对产品质量事故,有权追查产生的原因,找出责任者,视其情节提出给予处分的建议。

⑧对产品形成过程中产生的各种不合格品,有权如实进行统计与分析,针对存在的问题要求有关责任部门提出改进措施。

(3)质量检验机构的责任

①对由于未认真贯彻执行产品质量方面的方针、政策,执行技术标准或规定不认真、不严格,致使产品质量低劣和出现产品质量事故负责。

②在产品形成过程中由于错检,漏检或误检而造成的损失和影响负责。

③对由于组织管理不善,在生产中造成压检,影响生产进度负责。

④对由于未执行首件检验和及时进行流动检验,造成成批质量事故负责。

⑤对不合格品管理不善,废品未按要求及时隔离存放,给生产造成混乱和影响产品质量负责。

⑥对统计上报的质量报表、质量信息的正确性、及时性负责。

⑦对在产品形成中发现的忽视产品质量的行为或质量事故,不反映、不上报,甚至参与弄虚作假,而造成的影响和损失负责。

⑧对经检验明知质量不合格的产品,还签发检验合格证书负责。

(4)质量检验机构的设置

①检验部门的设置,是生产力发展的必然要求。由于生产能力的扩大、科学技术的发展、工艺水平的不断提高、产品制作的精密化和结构性能复杂化、产品品种和规格多样化等原因,产品质量检验逐步成为一门专业技术,配备专门的检测器具和设备,需要专门的

知识和操作技术，这些都需要由具有一定水平的专业人员来承担，并需要由专职部门进行统一管理和组织实施。

②检验部门的设置，是提高生产效率，降低成本的需要。随着社会化大生产，企业规模的扩大，实行科学合理的分工，以提高生产效率，提高劳动生产率，从而降低成本。这就要求质量检验工作从生产作业的劳动组织中分离出来，成为独立的检验部门。

③检验机构的设置，是企业建立正常生产秩序，确保产品质量的需要。由于产品往往涉及多学科多专业，结构日趋复杂，生产作业人员和作业的指挥人员、管理人员，由于分工精细和多工序等原因，对产品结构和工艺流程难于系统地全面地了解和掌握，对建立正常生产秩序和组织稳定生产，都有一定的难度，需要有专门的职能部门以及专业人员，从事生产环节及各工序和成品的质量把关验收，这样就稳定了正常生产秩序，同时确保了产品质量。

④检验机构的设置，向顾客和社会提供产品质量保证和承担质量责任。

质量保证活动的主要目的之一，就是向顾客及社会提供一系列足以证明产品质量水平的客观证据，这些证据资料的收集、记录、整理和出证，都需由质量检验部门的专职人员来完成。

因此，产品生产者为了建立正常生产秩序，提高生产效率，降低成本，确保产品质量，向顾客、向社会实现质量保证等的需要，必须设置独立行使职权的质量检验机构。

1.3.4.2 质量检验计划

（1）质量检验计划的基本概念

质量检验计划是对检验涉及的活动、过程和资源及相互关系做出的规范化的书面（文件）规定，用于指导检验活动正确、有序、协调地进行。质量检验计划是对产品检验和试验工作进行系统策划和总体安排，是指导各检验站和检验人员工作的依据，是组织质量管理体系中质量计划的一个重要组成部分，为检验工作的技术管理和作业指导提供依据。

（2）质量检验计划的主要内容

①编制检验流程图，确定适合生产的检验程序。
②合理设置检验站、检验点。
③编制主要零部件的质量特性分析表及产品不合格严重性分级表。
④对关键的和重要的零部件编制检验规程。
⑤编制检验手册。
⑥选择检验方式、方法。
⑦编制测量工具、仪器明细表。
⑧确定检验人员组织形式、培训计划和资格认定，明确检验人员的。

1.4 家具质量控制

质量控制方法是保证产品质量并使产品质量不断提高的一种质量管理方法。它通过研究、分析产品质量数据的分布，揭示质量差异的规律，找出影响质量差异的原因，采取技术组织措施，消除或控制产生次品或不合格品的因素，使产品在生产的全过程中每一个环节都能正常进行，最终使产品能够实现人们所期望的自然属性和特性，即产品的适用性、可靠性及经济性。

1.4.1 质量控制

质量控制活动涵盖作业技术活动和管理活动。产品或服务质量的产生，归根结底是由作业过程直接形成的。质量控制具体工作如下：①项目方案、技术、质量、安全措施，各级负责人落实到位；②设计变更、材料变换，保证对有关工程技术人员传达到位；③产品工艺、操作规程，有关工程技术人员保证逐级交底到位；④质量控制、监督检查，质量检查人员追踪到位；⑤工序交替，班组长交接验收到位；⑥上下班转换，操作人员交换到位；⑦各专业工种生产交叉，各级生产负责人协调指挥到位；⑧重大生产安排，主要领导指挥到位；⑨人员、机具、材料调配，有关生产负责人组织到位；⑩整个管理工作把关。严把原材料、成品、半成品质量验收关；严把施工图纸、国家验收规范检测关；严把施工操作关；严把现场技术关；严把成品保护关；严把质量验收评定关；严把资料整理归档关。

1.4.2 品质控制的基本方法

1.4.2.1 品质设计

优良的品质，不是检验出来的，是设计、生产和管理出来的。图片是几张餐桌台面：

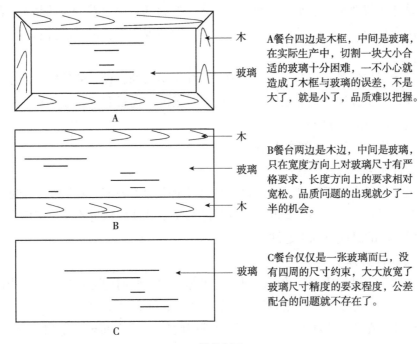

A餐台四边是木框，中间是玻璃，在实际生产中，切割一块大小合适的玻璃十分困难，一不小心就造成了木框与玻璃的误差，不是大了，就是小了，品质难以把握。

B餐台两边是木边，中间是玻璃，只在宽度方向上对玻璃尺寸有严格要求，长度方向上的要求相对宽松。品质问题的出现就少了一半的机会。

C餐台仅仅是一张玻璃而已，没有四周的尺寸约束，大大放宽了玻璃尺寸精度的要求程度，公差配合的问题就不存在了。

餐桌台面

可见，造成品质问题的最根本原因，常常在设计上。好的品质设计可以减少品质问题出现的概率，方便于生产，减少相应的管理和品质控制的成本。

出现品质设计不合理问题的主要体现在以下几个方面：

①缺少对品质设计的足够认识。
②设计人员素质有限，在设计思想上，没有品质意识。
③认为品质是品质管理部门的事，出了品质问题是他们的事情，与设计部门无关。
④不懂得批量生产与打样之间的不同。
⑤对"人为造成工作难度"是设计部门的失误这一问题认识不清。
⑥统筹管理的失误。

（1）品质设计的作用

①可以有效地预防品质问题。
②可以减少品质事故的发生。
③可以降低品质成本。
④可以通过少数人的事前努力，解决多数人工作中的难题。
⑤是改善品质质量必须的重要工作之一。
⑥从根本上提高产品品质提供了可能。

（2）品质设计的要点

①品质设计要与产品档次相一致。产品的档次与产品的品质有一定的关系，因此，品质设计必须与产品的档次一致，尤其是高档次的产品，必须有强有力的品质基础作为保障，如果品质出问题，将会严重影响产品的声誉。

②品质设计要与现实工艺水平一致。工艺水平的高低，决定着产品的品质。品质设计就是力求使用现有的工艺达到品质的尽可能完美，脱离现实工艺水平而讲品质只能是纸上谈兵。

③品质设计要与设备相结合。产品是由设备加工出来的，设备的性能、加工精度决定了产品的精度，品质设计就是要根据所使用的设备情况，扬长避短，以达到使用现有设备而生产出高质量产品的目的。

④品质设计要考虑工人的熟练程度。
⑤品质设计应考虑现有材料。
⑥品质设计应考虑加工难度。品质设计是通过减少加工环节，降低加工难度的办法而减少品质问题，因此，对于加工难度不同的产品其品质设计要求也不同。工序多、难度大的，要在品质设计的时候特别引起注意。

（3）品质设计具体要求

①可弥补性　通过品质设计的产品要具有可弥补性，所谓的可弥补性，是指产品的零部件之间或工艺上，可以通过互相的弥补来把品质问题降到最少。

②可替代性　在某个工序或某一零部件出现问题后，可以降级用到其他部件上。

③宽放性　即对作业者、设备、材料、场所等的最大限度的兼容。

④继承性　品质设计在所配套生产的产品或同类产品中不断得以发扬和延续，并逐步完善。

（4）品质设计的具体内容

工艺流程设计；技术设计；结构设计；用料设计；加工精度设计；程序设计；包装设计。

（5）品质设计的具体措施

①把品质设计列为专项进行管理，并统一集中和调动工艺部门、品质门、生产部门的力量打攻坚战。

②列出生产过程中可能遇到的主要技术问题，通过分析讨论，找到克服的办法，在设计之初，就给予回避、杜绝或解决。

③对品质设计的管理，要设专人负责，不能放任自流，随个人意愿而处之，要形成制度，目标明确。

④品质设计是一门科学，需要有丰富的专业知识，因此，对相关人员的培训就显得十分必要，要制订明确的培训计划，并且使培训工作形成制度。

⑤对于新开发产品，除了进行常见的普通评审之外，还要进行品质设计评审，看看该设计是否适合于大批量生产，是否会在生产中问题百出，是否适合目前的企业实际和设备、工艺及技术实际。

1.4.2.2　不合格品控制

不合格品一般采用标识、隔离、评审（返工、返修、让步、报废）程序。一旦发现不合格品均要做以下分析报告：

①不合格品的标识是否完善，对产品数量的影响有多大。

②不合格品在哪个阶段发现的。

③有关缺陷或不合格情况的详细材料。

④对不合格品的处置决定。

⑤有关返工、返修的详细材料和实施结果。

⑥防止不合格品重新产生的纠正、预防措施。

1.4.2.3　质量记录

（1）产品质量记录

记录包括以下类型的文件：

①产品规范。

②主要设备的图纸，原材料构成说明书。

③原材料试验报告。

④产品制造各阶段的检验和试验报告。

⑤产品允许偏差和获得认可的详细记录。

⑥不合格材料及其处理记录。

⑦安装和保修期内服务的记录。

⑧产品质量投诉和采取纠正措施的记录。

（2）产品标志和可追溯性

①为保证原材料、工艺过程等多种因素具有可追溯性所安排的产品标识的详情。

②在产品产出后，为便于调查不合格品的原因所安排的产品标识的详情。

（3）工序控制

①影响工序控制结果和观测情况的记录。

②采取纠正措施保证工序受控的记录。

（4）检验和试验

①检验和试验报告，这些报告将涉及材料的获得、运行控制、检验和试验的最终阶段。

②在检验部门放行之前，完成产品的标识和追溯所有产品原料的标识。

（5）检验、测量和试验设备

①检验和测试设备的核查表及它们的校准记录。

②主要的维护记录。

③不合格检验设备的处理详情。

（6）不合格品控制

①标识、评价、隔离和不合格品处置的记录，通知有关职能部门结果的记录。

②让步接收的记录。

③产品返工返修的记录。

④拒收和报废的记录。

（7）纠正措施

①每一种不合格品要求采取纠正措施的详细记录。

②对不合格品调查和原因分析的记录，采取纠正措施和获得结果的记录。

③由纠正措施引起有关规程更改的记录。

（8）搬运、储存、包装

①储存期间维护和保管的记录。

②使用包装材料和在包装上使用标签、印章标记的记录。

（9）质量记录

①维护质量记录的核查表用来证实是否达到所要求的质量水平和质量体系的贯彻。

②储存记录类型的详情。

（10）内部质量审核

①建立内部质量审核的记录和采取纠正措施的记录。

②由内部质量审核引起的程序改变记录及贯彻它们的日期记录。

（11）培训

①从事对质量有影响的工作人员的详情。

②人员需要培训的记录。

③组织培训的记录。

（12）售后服务

①对合同和担保书部分承担售后服务的详情。

②在售后服务运行期间不合格项的记录，采取纠正措施和程序或材料改变的记录。

（13）统计技术

①统计过程控制文件。

②在分析缺陷和改进试验设计方面应用统计技术的记录。

1.4.2.4 质量售后服务法

服务包括用户需要的在产品要求保养和维护期间的所有售后服务。售后服务有两种不同情况：第一种服务是合同规定的情况，这种服务一般是常规性的。第二种服务包括对消费者持久性的服务和其他在成品销售时供方的说明书中所保证的服务。通常这样的商品有规定的担保期，这种担保是供方按照担保书的内容向用户提供的独立的维护和修理服务。售后服务的质量应成为生产者全面实行质量保证体系的一个完整的部分。

1.4.2.5 质量统计

（1）图表法

把检验或检查期间的数据记录用表格的形式标出，以便于对产品及工艺过程分析和纠正措施的验证。

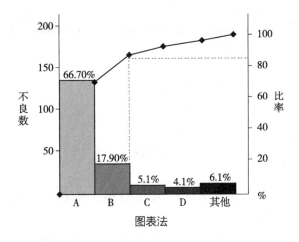

图表法

（2）局部分析法

把影响质量的因素或产生质量问题的原因用列表的办法显示，以达到分析的目的。

（3）直方图法

把数据的离散状态分布用竖条在图上标出，以帮助人们根据显示出的图样变化，在缩小范围内寻找出问题的区域，从中得知平均水平偏差和指出需要消除检测变化因素出处。

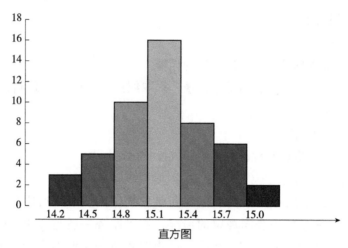

直方图

（4）因果图法

这是一种类似鱼骨的图，将影响质量特征的疑难问题的主要原因和由此产生的主要结果用图的形式简要地说明。

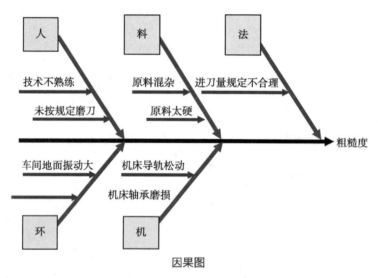

因果图

（5）分类法

按照发生问题的类型列表以缩小产生问题的区域。例如，由于替换操作者或改变时间而引起的问题可分类来处理。

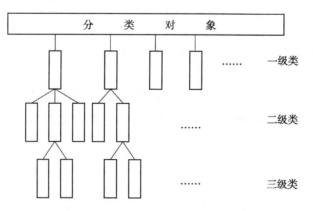

（6）散布图法

在一个 XY 平面上，以描点图解的方式来描述一对变量的相关关系，当 X 改变时，会影响相关的质量特性 Y。

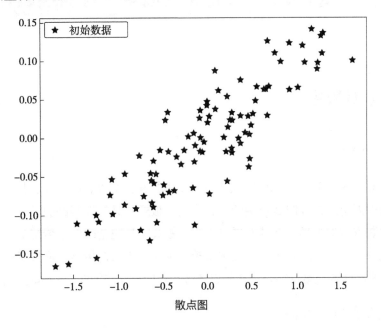

散点图

（7）图解和控制图法

图解是由一定时间范围的质量特性而制成的简单图表。控制图则是由符合期望均值水平的中心线和两条称作较高控制线及较低控制线的线条组成的图。

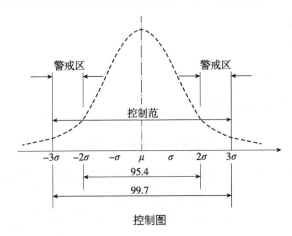

控制图

单元 2　板式家具质量管理与控制

2.1　板式家具概述

2.1.1　板式家具定义

板式家具是指家具的主体部件以人造板为基本材料，配以各种贴面、封边材料，并借助各种结构及功能五金连接件组装连接的一类家具。板式家具的发展经历了一个从拆装家具到待装家具和自装家具的过程。在其发展过程中，板式家具完全改变了传统实木家具的造型与结构，大量地采用如中密度纤维板、细木工板、刨花板等人造板材，通过机械加工，并采用具有一定特性和功能的连接件结合，再配以各种集功能性和装饰性于一体的新型辅助材料。

2.1.2　板式家具发展方向

①材料使用绿色化、多元化。
②部件生产标准化、系列化。
③生产方式机械化、自动化。
④制造技术数字化。
⑤生产模式趋向于大规模定制。
⑥走低碳经济发展之路。

2.1.3　板式家具生产主要原料

板式家具常见材料汇总表

板材	三聚氰胺贴面刨花板（MFC）	刨花板基材、纤维板基材（常使用中密度纤维板）、多层胶合板
	素板	胶合板、中纤板、刨花板
贴面		三聚氰胺纸、防火板、平衡板、亚克力、科技木皮、实木木皮
封边		聚氯乙烯、丙烯腈-丁二烯-苯乙烯、亚克力、实木木皮
胶黏剂	压贴	乳白胶、聚氨酯热熔胶
	封边	乙烯-醋酸乙烯酯共聚热熔胶（白胶、黄胶）、聚氨酯热熔胶、封边机专用共聚热熔胶、黄胶（手工贴边）
	组装、弯边	快干组装白胶
五金	结构五金	木榫、三合一、活动层板粒
	功能五金	拉手、锁、铰链、抽屉滑轨、调节脚、活动轮

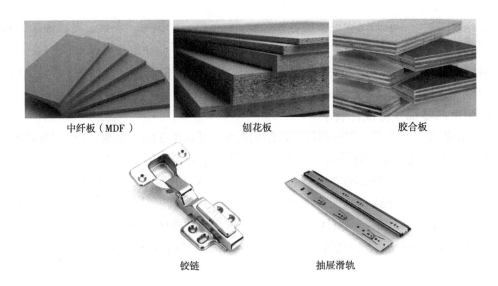

中纤板（MDF） 刨花板 胶合板

铰链 抽屉滑轨

2.1.4 板式家具的生产工艺流程

开料 → 定厚砂光 → 涂胶 → 组胚 → 胶压 → 裁边 → 封边 → 加工成型边
↓
包装入库 ← 组装 ← 表面修整 ← 加工装配孔

涉及的主要机械设备如下：

板式家具制作所用设备

用途	开料	定厚砂光	胶压	封边	加工装配孔	表面修整
主要机械设备	电子开料锯或推台锯	砂光机	冷压机、热压机	封边机	排钻	砂光机

2.2 板式家具质量管理

2.2.1 板式家具标准化管理

家具产品是家具企业的核心和主体，要提高企业的标准化水平应从产品以及与产品有关的设计、材料、工艺以及各种辅助活动入手形成以产品为核心的网状结构的标准化体系，在整个产品链上实施标准化管理。目前板式家具是家具的主流，而且通常板式家具生产的工业化程度和水平都要高于实木家具，更易于实施标准化。板式家具实施标准化主要从以下几个方面体现。

2.2.1.1 产品设计标准化管理

（1）提出新产品标准化的综合要求

包括：①产品设计应符合系列标准化和其他现有标准化的要求；②新产品预期达到的标准化程度；③对原材料和其他配件的要求；④与国内外同类产品标准化、国际标准化和国外先进标准化水平对比，提出本企业新产品的标准化要求；⑤预测新产品标准化的经济效果。

（2）新产品图样和技术文件的标准化审查

这是产品设计标准化的一项重要内容，其目的是使产品设计能够充分体现国家有关技术经济政策的要求，全面正确地实施各种标准，包括格式、编号、参数、图样画法、术语、单位等，使其符合相应标准和优先系数标准。

对于设计制图严格按照《家具制图标准》（QB/T 1388—1991）和工艺标准执行，如《木家具公差与配合》（QB/T 3658—1999）。

（3）产品零部件标准化管理

32mm系统是板式家具的一种特定的结构系统，可利用32mm系统理论，将某些家具零部件和外购零件进行标准化设计，确定标准板件，并采用编码技术对其进行标准化管理，这样可以有效减少家具零部件的数量，提高零部件的通用性。如某家具公司的产品已在一定程度上实现了产品的标准化、系列化和通用化。其系统家具仅用80多块标准板件就可以组成门厅家具、客厅家具、餐厅、书房、卧室等任何功能居住空间的家具配置，同时还可以根据同一功能不同尺寸的空间进行组合，以适合各种类型和面积的房间。

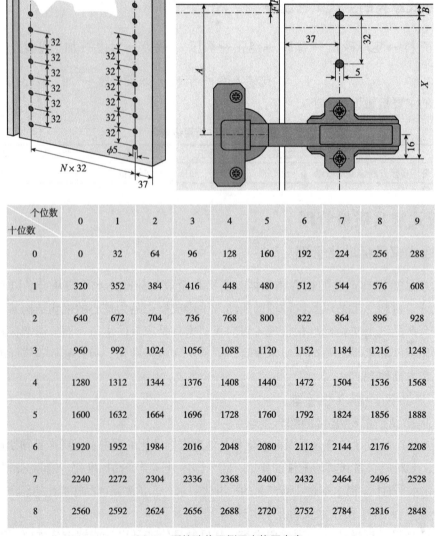

十位数 \ 个位数	0	1	2	3	4	5	6	7	8	9
0	0	32	64	96	128	160	192	224	256	288
1	320	352	384	416	448	480	512	544	576	608
2	640	672	704	736	768	800	822	864	896	928
3	960	992	1024	1056	1088	1120	1152	1184	1216	1248
4	1280	1312	1344	1376	1408	1440	1472	1504	1536	1568
5	1600	1632	1664	1696	1728	1760	1792	1824	1856	1888
6	1920	1952	1984	2016	2048	2080	2112	2144	2176	2208
7	2240	2272	2304	2336	2368	2400	2432	2464	2496	2528
8	2560	2592	2624	2656	2688	2720	2752	2784	2816	2848

32mm系统孔位示例及方格网点表

实现零部件的标准化,要求在一个设计系列中,一块标准板件必须具有两种或两种以上的功能,如既能做搁板、面板、底板,同时又可做门、旁板等。这可以简化设计,提高加工精度和生产效率,既保证了产品质量,又降低了产品成本。

2.2.1.2 原材料标准化

（1）尽可能选用标准材料

板式家具的主体材料是中纤板、刨花板、胶合板（包括各种细木工板）以及各种装饰板,板材幅面尺寸以1220mm×2440mm为主,厚度规格比较多。家具企业应根据自己的产品特点选用几种厚度的标准板,可优选3、5、9、12、16、18、25mm厚度的人造板,加厚板可以通过薄板组坯、叠加冷压而成。如45mm厚的部件,可以由三张人造板冷压而成,分别为两张厚度18mm,一张厚度9mm的人造板。此外,在厚板组坯时还应遵循板材结构的对称原则。

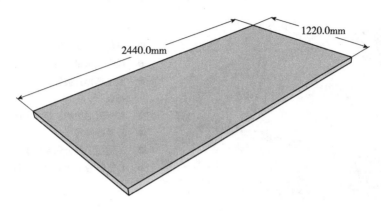

人造板执行标准对照表

执行标准种类	对应板材及内容
GB/T 9846.1 ~ 9846.8—2004	胶合板
GB/T 11718—1999	中密度纤维板
GB/T 4897.1 ~ 4897.7—2003	刨花板
GB/T 5849—1999	细木工板
GB 18580—2001	室内装饰人造板及制品甲醛限量
GB/T 19367.1—2003	人造板,板材厚度、宽度、长度测定
GB/T 19367.2—2003	人造板,板材垂直度和边缘直度的测定

（2）合理压缩原材料的品种、规格

基本原则：①材料规格宜尽量集中；②用量小的规格向用量大的相近规格靠拢；③尺寸规格较大的宜向尺寸规格较小的靠拢；④定规格的大小间隔要均匀,应尽量符合优先系数。

（3）限制和节约使用稀有、贵重原材料

如珍贵木材的薄木、各种金属装饰件、一些新型树脂材料和特种玻璃等。

（4）制定原材料进厂验收标准

首先应根据产品类型和定位，对材料的性能进行规范。如对人造板的厚度偏差、握钉力、吸水厚度膨胀率等关键指标以及对各种五金件的安装孔位、强度和表面质量提出要求。如设计卧房家具时，可考虑旁板、顶底板采用加厚板；搁板、门板、抽屉面板、脚架各板件采用18mm板屉；旁板、屉前后板采用12mm板；背板、抽屉底板采用3mm厚的胶合板。在设计板件的功能尺寸时，一定要考虑材料标准尺寸的限制和加工的难度与成本。在不影响产品功能的前提下，应尽量采用适应原材料的通用尺寸。

2.2.1.3 五金件标准化

板式家具对五金件有极强的依赖性。随着家具制造业的发展，家具对五金配件在通用性、互换性、功能性、装饰性等方面提出了更高的要求。符合32mm系统的五金配件，为孔的加工和安装实行标准化、系列化和通用化提供了技术保障。

- 材料：冷轧钢板
- 最大载重量：最大为40kg
- 颜色选择：镀锌，黑铬
- 特点：
  1. 带阻尼功能，缓冲关闭
  2. 顺畅静音
  3. 适用于办公和家用家具
  4. 柜体最小深度=抽屉长度+3mm

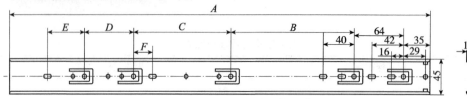

三节钢珠滑轨孔位标准化示例

2.2.1.4 编码管理标准化

编码是给事物或概念赋予代码的过程，代码表示特定事物（或概念）的一个或一组字符。具体地说，编码是给事物或概念赋予一定规律性的易于人们识别或计算机处理的符号、图形、颜色、缩减文字等，是人们统一认识、交换信息的一种技术手段，是处理各类信息系统的重要基础，是信息交换的共同语言。应尽快制定一套家具行业的标准化编码方法，使其与企业内部以及国内外同行业的编码系统相融合和一致。

2.2.1.5 设备以及工艺装备标准化

32mm系统是板式家具的"灵魂"，而符合32mm系统加工性能的设备和工艺装备是生产板式家具的物质基础。设备和工艺装备的标准化应包括：设备选型、操作规范、保养、维修和配件的标准化，其中最重要的是其加工性能和辅助性能必须符合32mm系统的加工要求。因此，家具企业在购买和使用设备时，要充分考虑到易于零部件孔位和其他工序标准化的加工和操作，对于排钻、高精度的裁板、封边和砂光等主要设备和必需的工艺装备的购置、选型和优化利用，必须符合企业产品的各项标准，增加其柔性，实现以最少规格的设备和工艺装备，满足尽可能多的生产需要，降低设备投入，提高生产效率。如德国豪迈电子开料锯、德国豪迈 CNC 数控加工中心、数控排钻和全自动封边机。

2.2.1.6 工艺标准化

工艺标准化是在总结经验的基础上，根据产品的特点，结合企业设备、技术力量等实际情况，对产品的工艺文件、工艺要素及工艺过程等进行必要的统一和简化工作，主要包括：①工艺文件标准化，即格式、常用术语和符号的统一；②工艺要素标准化，主要指产品加工制造的加工精度、加工基准、表面粗糙度、正负公差等内容实行标准化；③典型工艺标准化，对结构、形状与尺寸相似、具有类似工艺特征的零件或对不同零件的统一工序编制统一的典型工艺规程，用来指导操作和制造加工。

家具配料规格材料表（花架示例） 规格：$L360 \times W320 \times H1000$

序号	零部件名称	精截尺寸（mm）			数量	材质与备注	页数
		长	宽	厚			
1	脚	1000	35	35	4	桦木，按模板加工	
2	面横	280	35	35	4	桦木	
3	横条	280	14	14	10	桦木	
4	横档	280	30	20	4	桦木	

制表：　　　　　　　　　审核：　　　　　　　　　日期：

家具五金配件明细表（衣柜示例） 规格：$L1566 \times W604 \times H2208$

序号	名称	规格（mm）	数量	工艺	备注
1	三合一	$\phi 14.5 \times 13$	40	镀镍	
2	沉头自攻螺丝	$M3.5 \times 16$	40		
3	沉头自攻螺丝	$M3.5 \times 8$	8		
4	拉手	$168 \times 35 \times 10$	4		品牌不同会影响加工安装的参数
5	挂衣杆	$752 \times 29 \times 15$	2		
6	挂衣座	$35 \times 35 \times 15$	4		
7	圆棒榫	$\phi 8 \times 30$	38		
8	脚钉	$\phi 15 \times 12$	12		

制表：　　　　　　　　　审核：　　　　　　　　　日期：

2.2.2 板式家具质量管理

在板式家具生产企业中,依据 2000 版的 ISO 9000 族标准进行质量管理。板式家具质量管理包括产品设计过程质量管理、产品制造过程质量管理、辅助过程质量管理及使用和售后服务过程质量管理四个部分。产品设计过程质量管理决定了产品质量的优劣,是控制产品质量的起点;产品制造过程质量管理是产品质量的实现和保证;辅助过程质量管理是后勤保证;使用与售后服务质量管理既是产品质量的终点,又是质量管理新的起点。只有做好这四个过程的质量管理工作,才能保证企业的整体产品质量水平,才能有效提高企业的核心竞争力。

2.2.2.1 产品设计过程质量管理

设计过程是指经市场调研之后,产品正式投产之前的全部技术准备过程,板式家具产品设计过程的质量管理包括家具外观设计、工艺结构设计、样品打样试做、样品检测与产品评估等。日本质量管理专家田口玄一博士认为:"产品质量首先是设计出来的,其次才是制造出来的。"对设计过程进行质量管理,可以从源头上减少生产失误,降低不良品率,提高产品质量,因此应将提高设计质量放到质量管理工作的首要位置。

2.2.2.2 产品制造过程质量管理

产品制造过程中的质量管理就是在生产车间工艺加工全过程的质量管理,具体地说,就是要建立一个稳定可控制的标准化生产系统,以便能够稳定地、持续地生产符合设计质量的产品。板式家具产品在生产制造过程中,其质量高低要受到操作者、原材料、机器设备、方法、工具、环境等多种因素的影响,只有对这些因素实行有效的控制,才能使产品达到质量标准,保证产品质量满足设计要求。

2.2.2.3 辅助过程质量管理

辅助过程包括原材料供应、工具准备、设备检修等内容。板式家具辅助过程质量管理主要包括设备的维修、刀具的更换、模具的制作、量具的更新及其他非直接板式家具生产企业制程质量管理的研究。

2.2.2.4 使用与售后服务过程质量管理

产品的使用过程是实现产品价值的过程,也是考验产品实际质量的过程。只有通过使用,才能充分暴露产品存在的问题与缺陷,产品的性能、包装、运输、安装、适用范围、个性化要求,都只能在使用过程中表现出来。售后服务过程的质量管理关系到客户的满意度以及品牌的信誉。板式家具在使用和售后服务过程的质量管理工作主要体现在两个方面,一方面要做好对顾客的产品技术服务;另一方面要做好使用效果与使用要求的后期意见反馈工作,通过售后服务、客户反馈意见、质量事故处理,为进一步改善产品设计、改进工艺、提高产品质量提供客观依据。

2.2.3 板式家具质量检验工作管理

美国质量大师朱兰博士将质量管理过程分为三个步骤:策划、控制和改进。质量检验工作的过程作为一种质量管理过程也应分为这三个步骤，见下表。

质量检验工作管理三部曲

质量检验工作的策划	质量检验技术控制	质量检验工作的改进
建立质量目标		论证需求
确定顾客	选择控制对象	确定项目
发现顾客需求	选择计量单位	组织项目小组
开发产品特性	设置目标值	诊断原因
开发过程特性性	测量实际的性能	提供纠正办法，并证实其有效性
建立过程控制，转向实施	说明差异	—
—	针对差异采取措施	应付变化阻力
—	—	控制收益的获得

（1）质量检验工作策划阶段中关于质量检验的内容

在质量检验工作策划阶段，主要指编制质量管理体系文件中与质量检验工作相关的内容，包括在质量方针和质量目标声明、质量手册、程序文件过程控制文件、作业指导书、质量记录等文件里策划质量检验的工作内容。

质量体系文件里的质量方针和质量目标声明为质量检验工作提出目标和前进方向，如本企业产品的成品合格率要达到等质量手册中规定的企业家具产品所应满足的客户和适应法律、法规要求的产品能力，其中要规定质量检验工作的范围、明确质量检验机构的设置、说明其组织结构、职责和权限。

质量体系程序则是指为实施质量体系要素所涉及的各职能部门的活动或过程，将这个程序书面化就得到程序文件，程序文件是质量手册的具体化、操作化。每一个形成文件的程序都应包括质量体系的一个逻辑上独立的部分，就质量检验工作而言，在企业的程序文件里，要规定由哪位质量检验工作者在什么时间到相应的工作地点去做什么样的质量检验工作，以及做这项质量检验工作的原因是什么，使用哪种检验方法、检验工具，并且在企业的程序文件中还要阐明涉及质量检验活动中的质量检验部门和质量检验工作人员的职责、权利及相互关系，并说明实施质量检验活动的方式，采用的文件及控制方式。

作业指导书是程序文件的进一步延伸和具体化。家具企业的作业指导书多应用在操作复杂或对质量影响比较大的工序环节中，板式家具企业产品生产的机械加工车间从开料到排钻各个工序，打磨车间从批灰到精砂各个工序，油漆车间从底漆到面漆各个工序和包装车间的各个工序都需要有相应的作业指导书指导一线工人生产操作，而相应的质量检验工作者对这些相应工序岗位的产品进行检验时要根据相应工序的产品应达到的质量标准进行检验工作。所以作业指导书对工人的生产操作以及质量检验工作者的检验工作都具有指导作用，是指导生产和检验的依据。

ISO 9001：2000 标准规定质量记录包括管理评审记录、培训记录、产品要求的评审记录、设计和开发的评审记录验证记录、确认记录、更改记录、供方评价记录、产品标识、产品与过程测量和监控记录等。企业的质量记录对于质量检验工作是非常重要的，不但是质量检验工作绩效成果，而且为质量检验工作提供改进方向。

板式家具产品是一种可高度工业化生产、加工的现代家具产品。与传统的家具相比，在用材、造型设计、生产工艺上都有自己的特性，在做板式家具产品质量检验策划工作时，要充分考虑到板式家具产品的这些特性。板式家具以人造板为基材，一般企业多采用刨花板、中密度纤维板、胶合板，从材料的选用上，要求板式家具的产品规格设计必须考虑人造板的规格尺寸问题，材料在物理性能、化学性能上要达到相应的标准。在生产时，板式家具的生产过程会因为板式家具以人造板为基材而选用相应的生产工艺，如封边、定厚砂光等，一些人造板还需要对表面进行装饰才能达到板式家具产品的外观要求，因此胶黏剂、饰面材料在选用和加工时都要进行必要的质量检验。这些都是因家具材料采用人造板，所以在质量检验时对材料的特点的把握而进行有意识的检验是尤为重要的。

32mm 系统是板式家具产品设计的"灵魂"，它不仅影响板式家具产品的造型、结构，还影响了板式家具产品的生产工艺流程中的加工工序及产品的包装、运输和销售，使板式家具产品的生产成为一个现代化大工业生产的加工系统，因此板式家具的质量检验工作中要注重 32mm 系统这一特性，它不仅属于板式家具设计范畴。可以说一个板式家具企业的产品设计过程应不断地从产品造型、结构考虑到工艺设备，再从工艺设备考虑到造型、结构。在这个循环中，质量检验应起到"验证结果"和"提出问题"的作用，质量检验工作进行的效力影响这个循环的进程、效果，从而影响整个企业加工系统的运转。板式家具以五金件和圆榫连接，五金件及其连接的质量也影响着板式家具产品的质量，五金件对板式家具产品造成的质量问题主要是装配问题，引发的原因主要有五金件自身规格尺寸误差或设计不符合"系统"标准、功能位置的设计、孔位的加工等，因此，必须要根据五金件及其连接方式的特点进行必要的质量检验项目和检验方法的策划。板式家具产品不同于传统家具，无论板式家具采用的是哪种类型的人造板生产，其生产工艺都主要是板式零部件的加工，即板式零部件是组成板式家具的基本单元，板式家具的生产实质上是板式零部件的加工生产。这不仅使工艺过程大为简化，利于组织机械化生产，还为板式家具的质量检验标准的制定提供便利，利于根据板式家具的各种零部件特点制定通用的检验标准。

（2）质量检验工作控制阶段中关于质量检验的内容

目前，我国家具企业里，质量检验工作作为一种质量控制技术，其本身的控制也是家具企业应重视的，这是直接会影响到企业质量检验工作运行的效力，从而影响企业质量管理工作乃至整个企业运作的"大事"。很多企业只注意到对产品生产工艺过程的控制，而忽视对质量检验过程的质量控制，这无疑为企业的质量管理工作和产品质量埋下了"隐患"。

板式家具产品的质量检验工作是伴随板式家具产品的形成过程而展开的。在质量检验的控制技术中主要是以下六个方面：

① 对质量体系文件的执行　质量体系认证中有一句行话："写你所做的，做你所写的。"进行质量检验工作就是这样。质量检验机构要按照质量体系程序文件的规定，安排

质量检验工作者在规定的时间到相应的工作岗位，如对应的相应车间的相应的工序做相应岗位的质量检验工作，并要按照规定的质量检验项目、检验方法做，对其检验的结果要按企业质量体系规定的检验标准进行判断，如实上报。

②检验设备的分级管理　家具质量检验的设备包括检验设备、测量设备和试验设备。质量检验机构应对其进行分级管理，以利于对其的质量控制。一般可将这些设备分为三个级别进行管理。第一级是进行强制检验的项目的设备及使用频率最高的设备，如测定甲醛含量的试验设备、测定人造板各项物理性能的万能测定仪等，应规定检验周期对其进行检验；第二级是工作计量器具、设备，如电子天平、烘干箱、老化试验箱等；第三级是温度计、游标卡尺、卷尺等一次性确认的计量器具。企业可根据设备或器具的使用频率程度、使用环境、性能指标、精度要求等情况决定检验周期，以保证检验值的准确。同时，质量检验机构对所有的检验设备应建立台账，统一编号，确保账、卡、物本一致。

③检验设备的前期管理　质量检验机构在购买相关的质量检验设备或计量器具前，应填写一份"设备仪器、器具审购单"，由管理部门审查其准确度等级、测量范围、稳定性等是否满足标准要求，提出审查意见，批准后由供应部门采购。办理完设备的验证手续后要在账上记录，相关检验部门领用后登记去处，并要在第一次使用前进行校准或检定。

④检验设备的定期检定　检验机构的管理部门要根据"检验设备台账""检验设备管理目录"和上次检定日起编制"检验设备、器具检定周检计划表"，每个月底对"调检计划表"进行一次检查，对下一个月到期的检验设备填写"检验设备、器具送检通知单"，通知使用单位质量检验人员及时送检或校准。检定结束后，使用单位质量检验人员保存好检定记录和合格证件，将检定日期、结果报主管部门作为编制周检计划和填写送检通知的依据。

⑤检验设备、器具的流转　在家具检验机构里，其检验设备一般以大型的为主，且一般分布较为集中和固定，但一些检验器具，如卷尺、游标卡尺等易携带的器具分布较分散，不好管理，要保证其在流程过程中一直处于受控状态就必须重视其流转程序，使用前检定，发放给对应质量检验人员，按计划周期检定。长期不使用其办理封存手续；准时办理停用手续；重新使用时办理启用手续；达到报废程度时办理报废手续，这些工作可作为质量检验设备、器具的日常管理工作。

⑥检验设备、器具的标志管理　企业的检验机构或检验监督组织内的检验、测量和试验设备，无论是否使用都应进行相应的标识。对检定或校准合格的检验设备贴上"合格证"标志；长期不使用的设备办理封存手续后贴"封存"标志；失准的检验设备、器具办理停用使用手续后贴"停用"标志；已报废的检验设备贴上"报废"标志。

2.3　板式家具质量检验

2.3.1　板式家具质量检验项目与标准

板式家具企业的质量检验工作大致包括来料检验、制程检验、半成品检验、包装检验和成品检验。表所列为一般板式家具企业应制定的质量检验文件。

家具企业板式家具质量检验文件一览表

序号	检验类型	质量检验标准文件名称
1	来料检验	贴面材料质量检验标准书
		人造板质量检验标准书
		五金件质量检验标准书
		涂料质量检验标准书
		胶黏剂质量检验标准书
		包装材料质量检验标准书
		外协件质量检验标准书
2	制程检验	贴面材料裁拼质量检验标准书
		板式部件开料质量检验标准书
		压胶质量检验标准书
		封边质量检验标准书
		排钻质量检验标准书
		砂光质量检验标准书
		漆膜质量检验标准书
3	半成品检验	板式家具产品零部件通用质量检验标准书
4	包装检验	板式部件安装、包装质量检验标准书
		五金件包装质量检验标准书
		外协件包装质量检验标准书
5	成品检验	板式家具产品通用质量检验标准书

2.3.1.1 来料检验

就板式家具产品的使用材料而言,包括主要原材料、辅助材料、包装材料、五金配件以及一些外协材料等。这些材料的质量对最终的产品质量有非常大的影响,所以,家具企业要充分重视来料检验工作,制定来料检验的相关标准,加强来料检验工作的力度。

(1)主要原材料

人造板是板式家具制造的主要原材料。应用于板式家具的主要人造板种类有刨花板、中密度纤维板、胶合板、细木工板和覆面板,其中板式家具企业最常用的是刨花板和中密度纤维板。生产板式家具用刨花板和中密度纤维板的质量标准见表。

A类刨花板质量标准1

项目		公称厚度				
		≤13mm	13~20mm	20~25mm	25~32mm	≥32mm
静曲强度(MPa)	优等品、一等品	≥16	≥15	≥14	≥12	≥10
	二等品	≥15	≥14	≥13	≥11	≥9
内结合强度(MPa)	优等品、一等品	≥0.40	≥0.35	≥0.30	≥0.25	≥0.20
	二等品	≥0.35	≥0.30	≥0.25	≥16.0	≥0.20

A 类刨花板质量标准 2

项目		优等品	一等品	二等品
表面结合强度（MPa）		0.90	—	—
吸水厚度膨胀率（%）		≤ 8.0	≤ 8.0	≤ 12.0
含水率（%）		5.0~11.0		
游离甲醛释放量（mg/100g）		≤ 30	≤ 30	≤ 50
密度偏差（%）		±5.0		
握螺钉力	垂直板面（N）	≥ 1100		
	平行板面（N）	≥ 800	≥ 800	≥ 700

中密度纤维板质量标准

项目		公称厚度范围（mm）								
		1.8~2.5	2.5~4	4~6	6~9	9~12	12~19	19~30	30~45	>45
内结合强度（MPa）	优等品	0.65	0.65	0.65	0.65	0.60	0.55	0.55	0.50	0.50
	一等品	0.60	0.60	0.60	0.60	0.55	0.50	0.50	0.45	0.45
	合格品	0.55	0.55	0.55	0.55	0.50	0.45	0.45	0.45	0.45
静曲强度（MPa）		23	23	23	23	22	20	18	17	15
密度（g/m³）		450~880								
含水率（%）		4~13								
吸水厚度膨胀率（%）		45	35	30	15	12	10	8	6	6

涂料质量检验标准书（示例）

适用范围：油漆质量检验	文件版本：
	编　号：
	页　码：共　页　第　页
	制定日期：

检验程序：来料抽样 → 对照样本 → 检验 → 试装 → 填写记录

检验项目	检验程序	检验标准	工具	支持性资料
透明度	来料取料，用适合口径喷枪（底 1.8~2.0mm，面 1.5~1.8mm），喷于透明聚酯膜上，每次一个半十字，做 3~4 次重涂，实干后观察	1. 应无明显杂质；2. 每次喷涂后漆膜表面之间应无明显色差，轻微即合格	喷枪、透明聚酯膜	
硬度	将来料以均匀厚度施涂于表面结构一致的试件上，通过在涂膜上推动硬度逐渐增加的铅笔来测试	若漆膜出现破坏，则此时铅笔的硬度即为漆膜的硬度	铅笔、硬度测试仪	

（续）

检验项目	检验程序	检验标准	工具	支持性资料
固含量	将来料按正常喷涂次数均匀地喷涂于试件表面，称其重量，待漆膜完全干透后，再称其重量	$\dfrac{\text{干燥后重量}}{\text{干燥前重量}} \times 100\% = $ 固含量	试件、电子称	
流平性	取试件用喷枪均匀喷涂，5min后，对光观察	1.表面倒映的物体倒影线条直；2.实干后表面光滑、平整、无橘皮现象	喷枪、试件	
耐黄变性	取试件将来料按正常喷涂次数喷涂于试件上，待实干后，用包装箱纸皮先封闭一半，在温度达到30~33℃时，晒6~8h；若温度20~30℃，晒10~15h，然后将遮盖物拆开观察	若封闭一半和未经封闭的一半无明显色差，则视之为合格	试件、包装纸	
颜色	将样品涂料按正常喷涂方式，喷涂于试件上，待干后与车间成品对比	无明显色差为合格	试件、样品	
耐用性	①用刀片割出11条平行线，线间隔为2mm，另与前平行线垂直割出11条平行线，以形成100个方格，刀片应割至超过漆膜。②分别在家具表面用橡皮泥接触6h	无漆膜被粘离测试表面，则为合格	试件、刀片、直尺、橡皮泥	

（2）辅助材料

①贴面材料　板式家具企业对贴面材料的检验常见的是对薄木贴面材料、装饰纸的检验。薄木贴面材料的主要检验项目是外观质量和含水率。经过薄木干燥后的薄木贴面材料的含水率要控制在20%左右，以便于保存，防止破碎、翘曲。刨切薄木贴面材料产品的含水率为8%~16%。根据刨切薄木贴面材料外观质量分为特级、一级和二级，各等级外观质量的要求见表。

刨切薄木贴面材料外观质量标准

缺陷名称	检验项目		各等级允许缺陷数量		
			特级	一级	二级
节子、孔洞、夹皮等	每米长板面上的个数	板宽≤120mm	1	1	1
		板宽>120mm	2	2	2

（续）

缺陷名称		检验项目	各等级允许缺陷数量		
			特级	一级	二级
活节	阔叶材	最大单个长径（mm）	20（<5不计）	不限	不限
	针叶材		5（<2不计）	10（<5不计）	20（<10不计）
半活节		最大单个长径（mm）	不允许	10（<5不计）	20（<5不计）
死节		最大单个长径（mm）	不允许	不允许	20（<5不计）
孔洞（含虫洞）		最大单个长径（mm）	不允许	2（<0.5不计）	4（<2不计）
夹皮	浅色	最大单个长径（mm）	不允许	20（<10不计）	30（<10不计）
	深色		不允许	不允许	15（<5不计）
树脂囊		最大单个长径（mm）	不明显	5	10
变色		不超过板面积（%）	轻微	5	20
异色心边材		不超过板面积（%）	轻微	10	允许
伪心材		不超过板面积（%）	不允许	10（色泽调和不限）	允许
腐朽		不超过板面积（%）	不允许	不允许	不允许
裂缝		宽度（mm）	闭合	开口	闭合	<0.2	闭合	<0.5
		不超过板长（%）	5	不允许	10	5	5	0
毛刺沟痕		不超过板面积（%）	不允许	1	5
刀痕、划痕		凹凸量不超过板后（%）	不允许	5	10

板式贴面薄木皮原料

木皮拼花效果

素板贴三聚氰胺纸示意图

②胶黏剂　胶黏剂是板式家具生产的重要辅助材料，主要作用于饰面材料与基材的黏合。家具企业在进行对胶黏剂检验时，应尽量控制其在环境中有机挥发物含量（VOC）不超过 $3mg/m^3$，以符合国际标准，达到绿色产品要求。

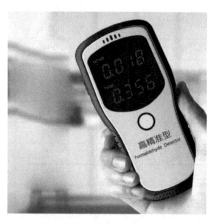

甲醛挥发量检测仪

（3）包装材料

家具包装设计参与家具产品的造型、规格、材料、编号、结构、工艺等设计的全过程。在包装材料检验工作中主要的检验项目是对纸外箱、泡沫、珍珠棉等材料的检验，其检验标准见表。家具企业要根据自身的产品特性选择合适的包装材料，确定包装材料的使用规格，制定包装材料明细表。

瓦楞纸纸箱

珍珠棉

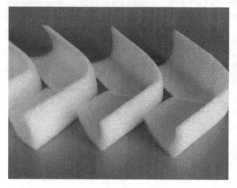

护角

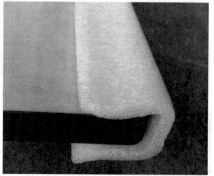

护边

包装材料质量标准

检验项目	质量要求
纸箱摇盖强度	往复开合 180/ 次,内外箱板纸无裂缝
纸箱板纸含水率(%)	11%(允许误差 ±3%)
珍珠棉抗拉强度(kg/cm²)	≥ 3.4
珍珠棉撕裂强度(kg/cm²)	≥ 2.6
珍珠棉延伸率(%)	≤ 125
珍珠棉收缩率(%)	≤ 0.75

(4)五金配件

由于板式家具产品是通过具有一定特性和功能的连接件将不同板件进行连接和装配而成的一种家具产品,所以五金配件的质量在板式家具产品的质量中占有重要地位。

一般来讲,板式家具用的五金配件分类方法有很多种,在多数情况下是按照使用功能来划分的,一般可分为紧固件和活动件两种,在紧固件中又包括结构紧固件和定位紧固件,活动件中则主要包括门铰链、抽屉滑道以及其他活动件等,不同连接件具有不同的功能。在板式家具产品中最常用的五金件是杯状暗铰链、偏心件和抽屉滑道。板式家具企业在对杯状暗铰链进行检验时,主要对其理化力学性能的质量要求进行检验;对抽屉滑道进行检验时,要注重其安全性能和使用性能的相关质量检验。检验项目及要求分别见表。

杯状暗铰链

抽屉滑道

杯状暗铰链理化力学性能指标

项目名称		指标
安装孔距		是 32mm 或 32mm 的倍数
关住力(N)		≥ 1.2
门下沉量(mm)		≤ 2.0
耐久性		30 000、40 000 次,无损坏现象(18 次 /min 或次 /min12 ± 1 次 /min)
抗超限性		50N、5 次,无损
表面镀层耐腐蚀性	中性盐雾试验条件	试验 48h,无锈蚀现象

抽屉滑道质量标准表

项目	指标
安装孔距	是 32mm 或 32mm 的倍数
变形度（mm）	≤ 2.0
推拉力（N）	≤ 40kg 时，推拉力 ≤ 85
下沉量 [抽出部分长度的百分比（%）]	试验前无负荷：≤ 1.25
	试验开始时：≤ 3.75
	耐久性试验后：≤ 4.25
耐久性	30 000 次开关抽屉后，抽屉导轨仍具有适用性
拉出安全性	不允许发生能从导轨中被无意拉出来的情况

2.3.1.2 制程检验

制程检验是家具企业质量检验工作的重点和难点。由于板式家具产品的生产过程实际上就是板式零部件的生产过程，所以对板式家具生产企业而言，制程检验的重要性超过了非板式家具生产企业。而且，因为板式家具具有高度的机械加工性能，利于生产和设计的标准化和系统化，板式家具产品在生产工艺流程中较其他类型的家具产品更便于控制。以贴薄木板式家具产品的旁板为例，介绍板式家具产品的部件在生产过程中的制程检验的各个工作点。

（1）机加工车间中制程检验

制程检验又称工序检验，板式家具产品的制程检验就是对板式家具产品零部件的生产制造加工过程中各个工序的质量所进行的检验。在机加工车间，板式家具产品的零部件通过各道工序、不同机械设备的加工形成了部件的"白胚"。机加工车间是板式家具部件质量形成的起点和"雏形"阶段，一般，板式家具产品的部件在机加工车间中出现质量问题的比率一般会占整个生产过程中出现的质量问题总数的 20%~35%。

机加工车间制程检验表中所列内容是贴薄木的板式家具产品旁板在机加工车间里常规的工艺流程及其各个工序的制程检验内容。机加工车间制程检验表中所列的各工序中，在开展质量检验工作时还应注意以下几点：

① 裁拼　裁拼时分为薄木贴面材料裁切和拼缝拼花两道工序。裁切时应注意裁切的薄木贴面材料总厚度不超过 45mm，以保证切口处光滑、平直、无毛刺、撕裂等缺陷出现。拼缝拼花时要注意薄木贴面材料的色泽，尤其是天然薄木，难免出现色泽深浅不一的现象，拼接时一定要将较深色的与浅色的薄木贴面材料分开，把色泽相近的贴面材料拼接在一起，以免板件在涂饰工艺后出现色差问题，造成质量成本的浪费。

薄木皮裂碎较多的材料

色差较大的拼接

②开料　现在很多企业选用高度机械化、自动化的开料机，如卧式精密裁板锯，其加工精度完全能满足质量要求，这也充分体现质量检验是一个"系统工程"，部门间的工作质量是相互联系、相互影响的。CNC（自动化截断锯）自动化程度高且精度高，推台锯开料误差相对大些。

CNC开料

推台锯开料

③定厚砂光　由于基材本身常常存在±0.5mm范围内偏差和一些表面质量缺陷，要对板材进行定厚砂光。做骨料用的板材完成此工序后不允许出现正公差。

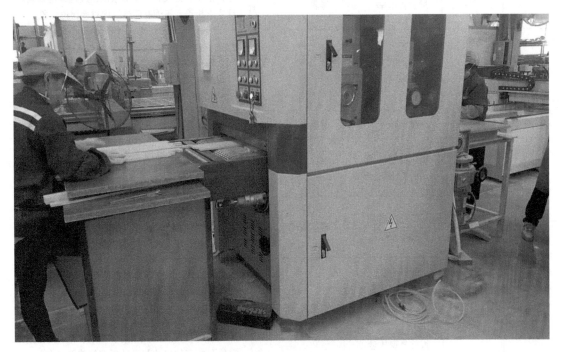
砂光机操作员在给零部件砂光

④热压　热压中有调胶、涂胶、热压机热压三道工序。调胶时要注意根据不同贴面材料调制各成分比例不同的胶黏剂。涂胶前应清理好贴面材料的表面，再送入涂胶机涂胶，以免有灰尘或其他杂物影响涂胶质量，涂胶过程要均速，以保证涂饰均匀，避免漏涂、余胶溢出的现象。

热压机

胶水配比进行中

机加工车间制程检验

序号	工艺流程	检验项目	检验工具	质量标准要求
1	裁拼	贴面材料表面质量、含水率	天平、烘箱（干燥箱）	拼接后表面应该平整、严密、色泽一致，无开缝、搭接、撕裂、毛刺等缺陷，纹理搭配要与设计要求相符，不能有明显纹理对接错位现象
2	开料	长宽误差、对角线误差	卷尺（直尺）	长宽误差＜1mm；做面板的板件对角线误差≤2.5mm；其他类的对角线长度大于1000mm的对角线误差≤3mm；小于1000mm的对角线误差≤2mm
3	定厚砂光	厚度误差	游标卡尺	厚度公偏差≤0.2mm
4	热压	板件表面外观质量、表面胶合强度	木材力学万能试验机	热压后的板件表面不允许有气泡、刮花、压痕、皱褶、开胶和明显透胶现象；表面胶合强度≥0.40MPa
5	精裁	板件外观质量、长宽误差	游标卡尺	锯切面要平直，不允许有倾斜和明显锯痕及崩茬、发黑现象，板件表面不允许有划痕、压痕、木屑和锯末等现象；长宽公偏差≤2mm
6	封边	板件外观质量	—	封边后板件的封边条要封得严实，表面不允许有刮花和多余封边屑及余胶溢出的现象；不允许有开胶、漏封、叠封和跑边的现象
7	排钻	板件外观质量、定位尺寸误差、孔深误差	游标卡尺、千分尺	加工后的板件表面无木屑、压痕、刮花等现象；定位孔的定位尺寸与设计要求的偏差≤0.5mm；孔深度与设计要求的偏差≤0.5mm，且孔边无崩茬、发黑、毛刺等现象

（2）油漆车间中制程检验

不同的产品因其设计效果的要求、选用的饰面材料、涂饰材料、涂饰设备不同，其涂饰工艺也大不相同，没有一个统一的规范性工艺流程。以贴薄木板式家具产品旁板的涂饰工艺为例，常见的几道工序中的制程检验项目和质量要求见表。

油漆工给零部件喷油漆

油漆前补灰操作

机加工车间制程检验

序号	工序	检验项目	质量标准要求
1	补灰	板件表面外观质量	不允许有刮伤，补灰位应清洁、严实，不易松动
2	封闭底漆	板件表面外观质量	板件加工后表面喷涂均匀，无黏烂、积油现象
3	粗砂	加工面表面质量、板件外观质量	加工后板件表面光滑、平整，无毛刺、刮花、压痕、刀切纹印、砂磨机路痕等现象；不允许砂穿贴面材料；边角、棱线无刮手、崩茬现象
4	上底色	板件表面外观质量	按样板着色，注意着色均匀、一致，木纹清晰
5	底漆	漆膜表面质量	加工后的漆膜丰满均匀，无漆渣、流挂、针孔、离层现象；保证底色一致
6	精砂	漆膜表面质量	漆膜表面光滑、平整；边角、棱线不刮手；无针眼、木眼、裂缝、漏磨现象；不允许砂穿底漆层
7	执色	执色部分表面质量	各执色部分色泽相近，执色线条细直、均匀；表面光滑
8	吹灰	板件表面质量	加工后板件表面无灰尘
9	面漆	漆膜表面质量	漆膜丰满，漆膜表面平整、光滑；不允许有流挂、鼓泡、划痕、针孔等质量缺陷；漆膜色泽和表面效果要与样板相近（符合设计要求）
10	抛光	漆膜表面质量	加工后的漆膜表面应明亮、平整、光滑；无砂路、抛光纹路、皱皮、抛穿等现象；光泽度与样板相近（符合设计要求）

2.3.1.3 半成品检验

对于板式家具产品的半成品检验，应制定半成品质量检验标准，并开展半成品质量检验工作。半成品质量标准详见表。

板式家具产品半成品质量检验通用标准 1

序号	检验项目	质量标准要求		
		检验内容		标准要求
1	翘曲度（mm）	板面、正视面板件的对角线长度	≥1400	≤3
			700~1400	≤2
			<700	≤1
2	尺寸公差（mm）	长度、宽度	≥1800	≤±1.00
			<1800	≤±0.50
3	平整度（mm）	面板、正视面板件		≤0.20
4	邻边垂直度（mm）	面板对角线长度		≤0.25
		框架对角线长度	≥1000	≤3
			<1000	≤2
5	用料要求	含水率不高于当地年平均木材含水率1%		
		不允许使用影响产品结构强度或外观的贯通木制零件		
6	木工要求	部件要进行封边处理		
		覆贴面材料的板件表面不允许有脱胶和鼓泡		
		薄木或其他贴面材料的拼贴应严密、平整，不允许有明显透胶		
7	涂饰要求	板件表面色泽相似		
		表面漆膜不得有皱皮、发黏和漏漆现象		
		不涂饰部位要保持清洁		
		正视面涂层应平整、光滑、清晰，漆膜实干后应无明显缺陷；其他部位涂层应手感光滑，无明显粒子，允许有微小缺陷和不平整；涂层应无明显加工痕迹、划痕、雾光、白楞、白点、鼓泡、油白、流挂、缩孔、刷毛、积粉和杂渣		

板式家具产品半成品质量检验通用标准 2

检验项目	使用条件		
	不频繁使用	较频繁使用	频繁使用
	试验条件和要求		
耐液	24h，不低于3级		
耐湿热	55℃，不低于3级	70℃，不低于3级	85℃，不低于2级
耐干热	70℃，不低于3级	80℃，不低于3级	90℃，不低于2级
附着力	不低于3级		
耐磨	1000rpm，不低于3级	1000rpm，不低于2级	2000rpm，不低于3级
耐冷热温差	3个周期，无鼓泡、裂缝和明显失光		
光泽	不低于3级		

2.3.1.4 包装检验

板式家具产品多为自装配的产品，所以板式家具企业的包装是将加工合格的板式家具产品的各部分部件、五金件、易损外协配件等进行包装。包装检验的目的是保证包装质量，防止包装过程中产生质量缺陷。按照部件组装工艺、绘制组装示意图操作及搭配部件。确定同一包装箱中各零部件的位置和固定形式。检验是否按照包装材料明细表规定选用包装材料及包装材料的使用规格。包装里应具备绘制产品拆装示意图进行零部件标注、产品说明书、堆码示意图、条形码信息、标志牌、中英文翻译等材料。

板式家具产品的包装检验及检验标准应包括以下几个方面：

（1）板式家具产品部件

板式家具产品部件在包装过程中应遵循以下几个方面内容：

①在进行包装前先检查待包装部件是否是合格板件，检查合格后进行包装工作。同时按包装说明书检查纸箱、泡沫等包装材料是否与说明书一致，判断相符合的情况下进行包装工作。

②包装板式家具产品部件时要平稳放置，保证部件受力均匀，不允许有板式部件倾斜现象出现。

③表面经涂饰的部件间要加垫纸，防止部件表面漆膜被刮花。若部件边部经过涂饰，要在部件边部加放泡沫保护，边角处用纸皮保护，以防运输过程中造成质量缺陷。

④经过包装加工后，包装箱内不允许存在能使板式部件移动以造成板式部件损坏的空间。若存在足够大的空间使板式部件移动，则应加放泡沫等填充物填实。

⑤板式部件包装后，应用胶纸封闭纸箱及纸箱缝隙处。

板式家具包装示例

（2）五金件

板式家具产品用的五金件包括五金连接件和五金装饰件。对其包装过程中，应注意以下事项：

①包装五金连接件时，要根据产品五金配备说明书检查包装的五金连接件质量、种类和数量，防止出现包装重件、缺件和不合格五金连接件的现象。

②包装五金装饰件前，要检查其表面质量，表面存在麻点、刮痕、白点或大面积露白的五金件不能进行包装。检查五金装饰件的规格是否符合要求，将符合要求的五金装饰件用纸包装起来，以免五金装饰件表面被刮花。五金装饰件要平稳放置，不能有足够大的空间使其松动出现歪斜现象。

五金件包装示例

（3）易损外协件

玻璃、镜子等外协件在包装和运输过程中容易被损坏，所以要注意对此类产品的包装检验。在包装前要检查玻璃或镜子的质量，将带质量缺陷如含飞砂、漏掉水银角的外协件剔除。安装过程中带玻璃的板件间加放泡沫，以防其走位；大面积的镜子，如穿衣镜，要在镜面处加放厚的双面胶垫。

2.3.1.5　成品检验

不是每一套板式家具产品都要进行成品检验，一般是在同一批次生产的产品中随机抽取 1~2 套进行成品检验。在进行板式家具产品的成品检验时，主要的检验项目及其检验标准见表。

 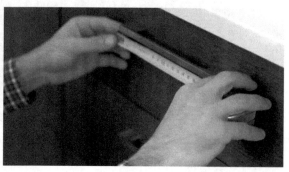

检测柜门尺寸　　　　　　　　　　　　检测接手孔距

家具产品成品检验质量标准

序号	项目	技术和质量要求		项目分类	
				基本	一般
1	桌类	桌面高：680~760mm			√
		中间净空高：≥580mm		√	
		中间净空宽：≥520mm		√	
		桌椅（凳）配套产品的高差：250~320mm			√
2	椅凳类	座高：硬面400~440mm，软面400~460mm（包括下沉量）			√
		扶手椅扶手内宽：≥460mm		√	
3	柜类	挂衣棍下沿至底板内表面间距	挂长衣：≥1400mm		√
			挂短衣：≥900mm		√
		挂衣空间深度：≥530mm			√
		折叠衣服放置空间深度：≥450mm			√
		书柜搁板层高：≥230mm			√
4	床类	床铺面净长：1920mm、1970mm、2020mm、2120mm			√
		床铺面净宽：800mm、900mm、1000mm、1100mm、1200mm、1350mm、1500mm、1800mm、2000mm			√
		双层床层间净空高：≥1150mm			√
		双层床安全栏高：≥200mm		√	
		双层床安全栏缺口长：500~600mm		√	
5	外形尺寸偏差	产品外形宽、深、高尺寸的极限偏差为±5mm，配套或组合产品的极限偏差应同取正值或负值			√

注：特殊规格尺寸由供需双方协定，并在合同中明示。

序号	检验项目	要求			项目分类	
					基本	一般
1	翘曲度	面板、正视面板件对角线长度	≥1400mm	≤3.00mm		√
			700~1400mm	≤2.00mm		
			≤700mm	≤1.00mm		
2	平整度	面板、正视面板件：≤0.20mm				√
3	邻边垂直度	面板、框架	对角线长度	≥1000mm	长度差≤3.00mm		√
				<1000mm	长度差≤2.00mm		√
			对边长度	≥1000mm	长度差≤3.00mm		√
				<1000mm	长度差≤2.00mm		√

（续）

序号	检验项目	要求	项目分类 基本	项目分类 一般
4	位差度	门与框架、门与门相邻两表面、抽屉与框架、抽屉与门、抽屉与抽屉相邻两表面间的距离偏差（非设计要求的距离）≤ 2.00mm		√
5	分缝	所有分缝（非设计要求的距离）≤ 2.00mm		√
6	脚底平稳度	≤ 2.00mm		√
7	抽拉间隙	内嵌式抽屉、门与柜体均匀抽拉间隙在 1.5~2.0mm		
8	抽屉下垂度	≤ 20.00mm		√
9	抽屉摆动度	≤ 15.00mm		√
10	产品标识	产品上应有商标		

2.4 板式家具质量控制

2.4.1 板式家具质量控制概述

2.4.1.1 板式家具质量控制的主要内容

板式家具质量控制贯穿于企业生产经营活动的全过程，一般包括以下基本工作：

①产品设计质量控制　在图纸的设计、审核、更改等方面应有严格的标准和程序。设计师、设计主管签字确认图纸，主管领导和品质管控部门负责人审核图纸，对于图纸的更改亦应按流程进行，不得省略步骤。

②进厂原材料质量控制　应该向供货单位索取原辅材料的品质说明书。对于板材查看检验合格报告书。其他原料查看厂家的生产批号及许可文件。

③生产过程质量控制　应经常对质量问题进行总结、采取措施；要事前预防而不仅是事后检验；检验工具应符合使用要求。

④产品包装、运输、销售和使用过程中的质量控制，建立召回和售后服务制度。

⑤对新材料、新工艺、新产品及企业质量控制中的关键课题开展专题研究。

2.4.1.2 板式家具质量控制四大重要环节

品质管理，就是使产品的质量保持在有效的控制范围内。也就是针对产品质量问题进行预防，不断纠正的一种现实过程。要控制好这个过程，就必须重视以下环节。

（1）区分生产部门与品质部门的职责

在众多的企业中，特别是很多作坊式的小企业，往往分不清生产部门责任分工，品质部门该行使哪些职权，最终导致生产部门与品质部门之间在面对问题时互相推诿。

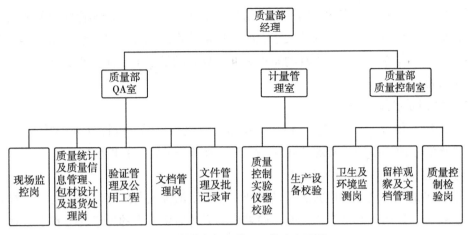

品质管控部门架构及工作内容示例

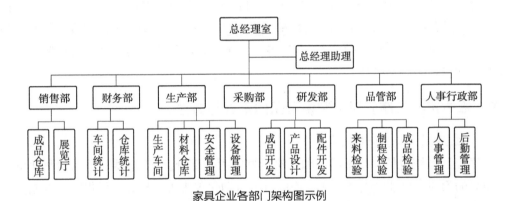

家具企业各部门架构图示例

从现代管理者,一个企业的最高管理者必须懂得:品质是制造出来的,不是检验出来的。并且将这种理念灌输到各阶层管理干部的头脑中去,让大家知道。生产部门在保证生产进度的同时,必须按照企业的要求保证产品的质量。而品质部门则采取各种有效的方法针对产品质量去实施控制。所谓控制,也就是一个计划、实施、检查、纠正的过程。值得一提的是,这里所指的"纠正"并不是让品质部门去负责返工那些不良品,而是强调品质部门应当及时将相关信息反馈给生产部门或其他相关部门,与之共同探讨行之有效的改善方法并加以实施。

职责明确了不管是生产部门的管理人员还是普通作业人员都会有意识提高生产进度,保证产品质量是自己责无旁贷的事情。这样才可以真正地贯彻"全员参与、科学管理、全面质管、顾客满意"的质量方针。

(2)把握好产品的质量标准

在板式家具行业中,其实没有准确化的质量标准,产品在不同的时间所面临的不同市场,其质量标准也不一样,甚至存在很大的差异。双方代表在商讨板式家具的验收标准时,也只能对产品的尺寸误差、配件质量、包装方式、清洁程度等拟定一个比较严格的规定,而对于板件表面的漆膜厚度、光泽度、平整度以及产品使用功能等还是以主观判断为主。

质量标准不是一成不变的，随着各类信息的不断反馈，企业内部管理的不断完善，产品的质量标准也会逐渐提高。既然文字上的质量标准难以把握，那工序样板的建立就显得尤为重要。工序样板就是一个直观的质理标准，只有满足了工序样板的要求，才能把握产品的质量标准。

（3）强调质量统计分析

企业的组成涉及的方面较多，需要对质量问题进行科学的统计分析，抓住重要环节，有针对性地制定改善措施，实现"计划—实施—查核—处置"管理循环。

（4）加强品质部门的行政管理力度

有了明确的权责之分和检验的质量标准，便有了清晰改善思路。剩下的就要看品质部门怎样执行了，任何人都是有惰性的，如果长期无人监督，人的思想就会麻木，对于产品的质量问题就会熟视无睹，对质量标准的把握就会越放越松。所以，对于品质管理来说，行政管理手段必不可少。现代管理中流行一种说法，即"火炉效应"，其意义有三：火炉是烫的；火炉是摸不得的；谁摸了火炉都会烫伤。这里的"火炉"就是制度。只要在品质管理中，很好地引用"火炉效应"，人的各种影响质量的行为就会得到有效控制，产品的质量就会在稳定中得到提升。

2.4.2 板式家具工序质量控制中可用的形式与方法

2.4.2.1 工序质量控制的形式

工序控制系统包括"传感器"和"执行器"两个部分。"传感器"是指检测评价产品事物质量的手段，可能是生产工人、检验员或自动化仪表等。据此，可将工序控制分为人工、半自动化和自动化三种形式。"执行器"是在工业生产过程中自动控制系统中，以调节仪表或其他控制装置的信号为输入信号，按一定调节规律调节被控对象输入量的装置。

（1）人工工序控制

家具、机械、电子、纺织等装配性工业企业，当工序自动化程度低、生产属于多品种（如床、柜子、餐桌等实木或者板式家具），小批量轮番生产或小品种大批量生产时，人工工序控制方式是操作者前期对工序质量特性和工序要素，应用一定检测手段检测，并根据检测结果进行判断和调整。操作工人既是"传感器"又是"执行器"。通常，对关键质量特性和支配性工序要素建立工序质量控制点，运用必要控制方法实施控制。这种控制形式是家具行业最常采用的一种形式，符合家具的生产特征。

（2）半自动化工序控制

如石油、化工、医药等装置性工业企业，品种少、产量大，工艺属连续流程性质，工序自动化程度高，一套装置固定生产一种或几种产品。工序质量特性或工序要素常采用仪表自动检测和记录检测的信息自动反馈或人工反馈。若偏离标准由操作者自行调整。控制的特点是传感器为自动化仪表，执行器为操作者，体现了自动化与人工调整相结合。为了控制重点工序质量特性，这种控制形式也设置重点工序质量控制点。有些家具生产可采用此种形式，如金属家具，特别是国外金属家具的生产，基本上是半自动化工序控制形式。

中国的板式家具生产也在朝着这个方向发展。

(3) 自动化工序控制

对品种单一、工序自动化程度高的专业化生产，常用这种形式。特点是应用自动化仪表、设备和计算机对工序质量特性或工序要素进行在线自动检测、自动反馈、自动补偿调整。如电子工业的自动插件机，机械工业的加工中心，化工工业的自动化装置都属于这种形式。控制的重点是"软件"程序和执行检测、调整的自动化机构。

2.4.2.2 工序质量控制的方法

工序控制的方法多种多样，工序控制图法在工序质量控制中发挥着重大的作用，它是以数理统计理论为基础的控制图法，在现在的家具生产中仍适用并发挥着重大的作用，并在此基础上发展了上百种之多的工序控制方法。如工序能力分析法、工序诊断调节法、自适用过滤法、估计样本离差法及控制图法等。控制图法有累积和控制图、区域控制图、预控图、通用控制图、多元均值控制图、田口控制图等。

工序质量控制方法有多种，适用的条件、场所也不同，因此，针对我国家具企业实际，确定适宜的方式与方法是家具工序质量控制的关键。

如何选定控制方法？首先要有明确的目的，充分理解各种方法的功能，根据不同的目的加以运用。工序控制的目的主要有：①应使重要工序保持稳定状态，常在工序的管理点上达到稳定；②及时发现工序异常，追查原因、排除系统性因素，使工序达到稳定；③能够对现场数据进行时间序列分析，根据数据数量的变化趋势及时分析工序状态，达到预警、预防与控制的目的；④树立良好的质量意识，提高控制人员的控制手段和技能；⑤各种方法的应用要作为一种质量教育手段、一种管理监督手段、一种检查与调节手段。

在所有的工业产品工序质量控制中，具有代表性的统计质量控制方法有：

(1) 工序能力分析评价法

数学模型：
$$cpk = (1-k)\frac{T_u - T_i}{6\sigma_0}$$

其中：
$$k = \frac{\frac{1}{2}(T_u + T_i - U)}{\frac{1}{2}(T_u - T_i)}$$

cpk 代表"工序能力指数"；k 代表"相对偏移量或偏移系数"；T_u 代表"技术标准上规格界限"；T_i 代表"技术标准下规格界限"；σ_0 代表"样本标准偏差"；U 代表"分布中心值"。

作为常用数理统计方法的一种，工序能力分析评价法是判断工序质量是否合乎技术要求的最基本的方法之一，对应不同的技术要求有不同的评价计算方法。对于生产多品种的家具企业，同时每一种产品的生产又是由很多道工序组成的，逐一进行计算，工作量非常庞大，使用这一方法还需与具体情况结合起来，如使用模块、计算机统计、计算机计算等辅助技术。

工序质量控制的目的并不是一味追求产品的高质量，如何有效地控制生产投入，确定一个合理的工序质量水平，取得最佳经济效益，同样是工序质量控制的重要内容之一。家具生产中有很多待解决的问题，如工序的质量标准等。

（2）控制图法

①常规控制图的应用分析　自1924年美国贝尔实验室工程师哈特（W. H. Shewhart）创立控制图至今，控制图的理论与技术已经有了长足的发展和进步。

如累积和控制图、区域控制图、预控图、通用控制图、多元均值控制图、多元离差控制图等，另外在田口质量理论基础上提出了田口控制图。自20世纪80年代以来，控制图技术被西方各国作为质量控制的重要手段之一。目前我国有学者提出了多元逐步理论及两种质量多元诊断理论，解决了多工序多指标系统的质量控制与诊断问题。

常用的控制图类型有计量值控制图与计数值控制图。计量值控制图又包括：平均值——极差控制图（$X—R$）；单值控制图（X）；单值一移动极差控制图（$X—R_s$）等。计数值控制图包括：不合格率控制图（P）；不合格数控制图（N_p）；单位缺陷数控制图（U）；缺陷数控制图（C）。在控制图的实际应用中，使用者最为棘手的问题是大量的数理统计运算，它需要大量的现场加工数据。加工数据的采集来源于两方面：一方面是人工采集数据；另一方面是计算机采集数据，也就是基于集成技术的数据采集。

②多品种、小批量生产方式下的控制图应用分析　在先进的制造环境下，生产方式发生了由大批量生产转为多品种、小批量生产的变化。这也是目前家具生产的新变化，称为柔性制造。这种变化有可能使控制图所依据的大样本条件与理论依据发生背离。由于多品种、小批量生产，在相同情况下加工同一规格的零件数目有限，如果直接按传统的，统计过程控制（Statistical Process Control，SPC）方法，仅把监视的对象着眼于零件的加工质量特征上，则很难保证统计所需的样本容量。如果把统计监控的对象着眼于工序，则可通过控制工序的质量来达到控制零件加工质量的目的。目前针对控制图理论应用于多品种、小批量生产环境下的研究，大致可分为三类：无量纲处理法、过程建模法和贝叶斯方法。

③散布图法　以相关关系为理论基础的散布图法根据回归原理所建立的变量之间的模型为用一条直线又称两个因素之间的关系：$y=a+bx$ 方程所代表的直线称为 y 对 x 的回归直线。求回归直线的过程称为 y 对 x 的线性回归。

求回归直线的具体步骤如下：

将 n 对数据 $(x_1, y_1), (x_2, y_2) \cdots (x_n, y_n)$ 整理，求出 $\overline{x}$ 和 $\overline{y}$。求出回归系数的估计值 a 和 b，可以用下式求得：

$$b = \left(\sum_{i=1}^{n} x_i y_i - n\overline{xy} \right) / \left(\sum_{i=1}^{n} x_i^2 - n\overline{x}^2 \right)$$

$$a = \overline{y} - b\overline{x}$$

求得回归系数 a、b 代入上式即可确定回归方程，也反映出因素之间的线性关系。

回归理论广泛应用在管理领域的不同方面。在工序质量管理中用以判断影响质量的相互因素之间的关系密切程度，是一种非常有效的工具。同样是由于人工操作的局限性，传统的方法只能是用作图法或是近似运算法替代。

2.4.3 板式家具制程质量控制

产品质量控制是指为达到质量要求所采取的作业技术和活动,也就是说,产品质量控制是为了通过监视质量形成过程,消除质量环节上所有阶段引起不合格或不满意效果的因素,以达到质量要求、获取经济效益而采用的各种质量作业技术和活动。板式家具产品制造过程的质量控制主要包括以下几个方面。

2.4.3.1 人员的质量控制

一件做工优良的家具产品最终是由生产现场所有员工加工制造出来的,员工的熟练程度、工作习惯以及专职检验人员的业务能力都会影响产品质量的高低,因此要十分重视员工在生产过程中的质量控制工作。做好相关工作的质量控制需要做好以下四个方面:

(1) 做好一线操作员工的岗位培训与考核

在家具进行批量投产之前,要保证对操作人员进行相关质量管理方面的培训。通过岗位培训,提高员工质量意识,明确岗位要求与职责,保证员工严格按照文件和作业指导书进行操作。培训结束后要进行相关知识的考核,并把考核成绩写入《员工培训考核表》,此成绩将作为员工晋升的一个重要参考资料。

员工培训考核表

培训考核表									
日期			地点						
课程内容			时数			讲师			
应参加人数			参加人数						
名目	出勤情况				考试成绩				操作成绩(20分)	合计(100分)
					智能成绩(80分)					
	准时	迟到	早退	缺席	请假	课前测试	随堂训练	口头测试	培训测试		
总经理			人事主管			制表			

说明:本表由负责培训的部门填写。

(2) 合理分配岗位与人数

企业要根据岗位要求合理分配员工,对于技术要求高的关键工序要根据相应考核选拔合适的员工,对于一般性要求的岗位要根据员工性格与工作特点进行合理分配;在岗位人数的安排上要满足产品生产过程与工序的要求,保证生产顺利进行。

(3) 要有针对专职检验人员的岗位培训与考核

培训主要包括指导如何监督执行公司各类质量标准以及正确、准确地填写检验记录及质量统计报表,培养检验员发现质量问题后能够进行分析和解决问题能力。

(4) 实行质量奖惩制度

根据生产实际情况,结合企业自身特点进行产品质量奖惩管理,明确划分质量责任,以提高员工对质量问题的重视度。人员质量控制相关文件主要有《员工考核登记表》《员工培训考核表》《工作岗位责任书》和《产品质量奖惩管理规定》。文件编制内容要结合各企业的实际情况。

2.4.3.2 机械设备的质量控制

机械设备是现代化生产的物质技术基础，产品质量水平在很大程度上直接取决于生产和检验过程所采用的设备与仪器，机械设备的质量控制不好会严重影响产品质量。在家具企业中机械设备主要包括各种木工机械、生产模具以及各种检验工具。机器设备的质量控制主要包括以下四个方面。

①企业的机械设备要进行编号登记，建立专门设备检修团队，定期对设备进行养护和检查，预防设备故障。由于家具企业是火灾高发地，因此要特别注意避免设备静电摩擦引起火星，尤其是油漆设备，要做好静电接地装置，以免引发火灾，威胁员工人身安全。

②完善设备使用与维护章程，保证设备按照规范正确使用，根据家具产品加工工艺要求与工艺参数合理安排生产任务，保证设备使用的负载荷在允许范围之内，以延长设备的使用寿命。

③在家具生产中使用的夹具、模具、标准件、量具等工具对产品的加工精度影响重大，因此需要建立相关制度与标准，定期进行检查与更换，以保证产品符合质量标准。

④建立刀具管理制度，保证刀具锋利度。在家具生产中，机械设备使用最多的就是各种铣刀和锯片，刀具的锋利度直接影响产品零部件的加工精度，因此必须保证刀具及时进行磨削和更换。

机器设备质量控制文件：《设备使用说明书与注意事项》《设备运行记录》《设备点检标准》《设备点检计划》《设备日常点检记录》《设备异常情况登记单》《设备请修单》《设备检修记录表》《设备维修与维护记录表》《刀具品质管理制度》和《模具、量具品质管理制度》。

2.4.3.3 物料的质量控制

在板式家具生产企业中使用的物料主要包括人造板、薄木、胶水、油漆、五金件、装饰纸、包装材料等原材料和外协件。物料进厂的质量高低将直接影响后期产品加工质量，只有质量优良的材料才能加工出合格的产品，因此物料的质量管理是产品制程质量管理的基础。物料的质量控制主要包括物料的质量检验和物料质量标准的制定、执行两方面的内容。

（1）原材料的检验

目前在板式式家具原材料的检验上常见的有人造板物理、化学性能的检验，薄木含水率及缺陷的检验，涂料、胶水的检验，五金件的相关性能检验等。对于原材料的检验主要流程：材料进厂后要严格按照已制定好的《物料检验/验证作业指导书》与客人签字标准件进行比对检验，若原材料与之前检验标准或标准件不符，对于情况比较严重的，材料检验人员可以采取批退处理，对于原材料对质量影响不大或订单生产急需的，需要与采购部门、研发部门协调进行审核后再决定是否同意让步接收。让步接收需要主要负责人签字确认并做好相关记录工作。

(2)外协件的质量检验与控制

板式家具企业的外协件一般为产品框架或拼花部件，由于技术原因或时间要求，对于那些加工难度大的零部件一般会寻求外协厂商，以更好地保证产品按时按质完成。外协件检验流程为：①由质量管理部人员收集外协件的质量要求、技术指标和性能参数等资料，根据资料分析整理成《外协件质量检验标准》，标准内容包括工序标准、产品规格、结构以及雕花效果等相关标准。②将标准提交给质量管理部总监进行标准审核，经审核合格后进行由质量管理部经理进行审批，在此阶段质量管理部要根据审批、审核意见不断对检验标准进行修改和完善，修改完善后的检验标准下发给外协检验员，由外协检验员交给外协商，并与外协商进行沟通，使其明确质量要求，外协商需要按照质量标准进行生产，生产过程中质量管理部会派专门的外检人员进行不定期的抽检，对于质量部不合格要填写《外协件质量异常表》并及时交给质量管理部外协件检验负责人，通过协商及时解决不合格品，待外协件全部加工完成后由外协商告知质量管理部相关人员，进行外协件验收，验收完成后填写《外协件质量验收单》，对于验收不合格的产品要及时报告给质量管理部经理，并将问题反馈给外协商，责令其返工修改，质量问题严重的进行批退处理。

在整个过程中外检员要对质量问题进行记录并分析，编制《外协商质量分析报告》并将其提交上级进行审核，审核合格后的质量分析报告要形成反馈意见，通知给外协商，以便其进行质量改进，预防重复问题的发生，从而提高外协件的质量合格率。

(3)物料使用标准的制定与执行

物料检验结束后，质量管理部门新产品品管员需填写《物料安全性认证及实验测试结果》表单，做好物料实验结果汇总工作，对于检验合格的新物料要编制《材料品质检验标准及要求指导书》，做好后交给工厂物料检验人员，为物料批量进厂检验作指导与规范，检验人员在物料进厂检验时要严格执行此标准。

物料质量控制的相关文件有:《来料检验通知单》《质量检验报告》《物料质量检验标准/指导书》《材料安全性认证及实验测试结果》《抽样检验规定》《来料检验记录表》《来货不合格品通知单》《来料检验质量异常表》《让步接收记录表》等。

来料检验通知单

编号：

致：	IQC	由：	采购		经办人		日期：
以下物料已到仓，请检验				品管部签单：			时间：

来料日期	供应商	物料名称	物料型号	送货单号	数量	备注

来料检验记录表

供应商		物料名称		送检单号	
进料数量		检验数量		日期	
检验 / 验证记录					
序号	检验项目	检验要求	检验记录	不良数	不良率
1	产品外观	《进料检验规范》			
2	产品尺寸	《进料检验规范》			
3	试装 / 性能	《进料检验规范》			
4	产品包装				
5	其他检验				
检验结论：□合格　□不合格		检验员：		日期：	
不合格处置：□退货　□扣款　□特采筛选　□让步接收　□另议					
签　名：		日　期：			

来料检验异常记录表

供应商名称				
型号 / 代号				
日期	异常状况描述		检验员	审核

在板式家具生产中常见的物料质量检验工具有木材含水率测试仪和卷尺。在来料检验现场不能做出判定的需要送完实验室进行相关项目测试，由实验室出《实验报告单》后再决定物料是否可以入库。

2.4.3.4　工艺文件的质量控制

工艺文件是产品制造过程中用来指导工人操作的技术性文件，是企业安排生产计划、实施生产调度、劳动组织、材料工艺、设备管理、质量检查、工序控制等的重要依据，因此，在工艺文件的控制上严格按照《工艺文件管理规范》进行管理，在家具投产前要保证工艺文件的完整性、清晰性和正确性。对于在生产过程中各部门、车间对图纸有疑虑的，应填写《工艺复议单》交给工艺部，经工艺部审核后进行更改，更改后效果要及时验证产品质量是否满足要求，进行工艺更改后的文件需要工艺部要下发《工艺文件更改通知单》，及时通知有关部门和人员，做好工艺文件的审批、修改工作，防止批量化事故的发生。对于工艺文件的发放和回收工作有以下要求：所有的工艺文件应按照规范列入《工艺文件明细表》中，所有文件统一管理，对于需要分发的工艺文件需要在其封面上加盖"正式文件"印章，对于经过多次修改的旧文件需要在下发新文件时及时收回，并予以保存，封面加盖"旧版文件"印章，对于废弃的旧版文件需要在封面上加盖"作废"印章，所有旧文件在收回时必须保证文件完整并记录在《工艺文件回收记录表》中。

工艺文件的质量控制相关文件主要有:《工艺文件管理规范》《工艺复议单》《工艺文件更改通知单》《工艺文件明细表》《文件发放与回收记录表》等。

工艺文件记录表

序号	文件名	日期	保密级别	页码范围	文件类型
1					
2					
3					
4					
5					
...					

说明:本表由工艺部文件管理人员填写。

工艺文件更改通知单

更改单号	文件更改通知单	产品名称或型号	零部件、整件名称	图号	页
					共 页
生效日期	更改原因			处理意见	
更改标记	更改前		更改标记	更改后	
拟制	日期	审核	日期	日期	批准	日期

2.4.3.5 生产环境的质量控制

良好的生产秩序,整洁的工作场所是保证产品质量的必要条件。生产环境的质量控制主要包括以下两个方面。

(1)生产要求的物理环境控制

对于家具企业来说,物理环境主要包括温度、湿度、噪声、粉尘、光线等。生产环境的温、湿度会影响木材的含水率、胶合速度、漆膜干燥时间等,光线强度会影响工人的视线,在产品质量要求严格的工作区域必须保证光线充足,以免影响检验结果。粉尘、噪声会影响工人的工作情绪与身体健康,为此工厂须做好相应的除尘与降低噪声的措施,例如安装除尘设备,及时给工人发放防护口罩和防噪耳塞。对于物理环境的控制要求需要制定相关标准,每天做好检查与控制工作。

(2)生产现场清洁度控制

生产现场清洁度主要是指设施、设备、工作现场、工装的清洁。在产品制造生产的全过程中都需要保证设备、零件、半成品、成品、各种辅助物品摆放合理、有序，加工通道顺畅无阻。干净有序的工作环境有助于员工减小工作疲劳、降低产品不良率，防止生产混乱和失误，提高工作效率，保证产品加工质量。生产现场清洁度的控制常见的管理工具是 5S 管理，从整理（Seirc）、整顿（Seiton）、清扫（Seiso）、清洁（Seiketsu）和素养（Shitsuke）五个方面规范现场，营造清洁的工作环境，培养员工良好的工作习惯。

生产环境质量控制相关文件主要有《温、湿度控制规范》和《5S 管理规定》等。

2.4.3.6 工序的质量控制

一件家具产品是由若干个零部件经过若干个加工工序加工制造而成的。家具产品生产制造过程的基础是工序。每一道工序质量的好坏，最终都会直接或间接地影响产品的质量，所以工序质量是形成产品质量最基本的环节。工序质量是指生产中人、材料、机械、工艺方法和环境等对产品综合起作用的过程的质量，又称过程质量，它体现为产品质量。要确保家具产品质量，就必须保证每道工序的质量，这是家具产品制造过程中质量控制的重点。在家具实际生产过程中常常通过设置关键工序质量控制点来达到对产品整个生产过程进行有效控制的目的。

所谓的关键工序就是对产品的质量有重要影响，其加工能力影响着产品的性能、寿命、适用性、安全性、经济性。关键工序质量控制点的设置原则、方法和管理如下。

（1）关键工序质量控制点的设置原则

① 重要的和关键性的加工工序　例如，在家具生产机加工过程中自身砂光工序和涂饰工段的研磨工序，在这两个工序中必须保证砂光研磨彻底充分，只有这样才能保证后期漆膜涂装效果，预防产生漆膜缺陷。

② 质量不稳定、出现不合格品较多的工序　此工序是不确定的，例如，在家具生产过程中由于某些因素导致某个加工工质量不稳定，通过分析原因找到解决措施后是可以撤销的。

③ 工艺要求严格、加工困难的工序　例如，在美式家具生产中，由于涂装工序多，涂饰效果要求严格，为保证最终产品效果，往往一件家具的涂装颜色需要经过五遍比对标准色板以保证没有色差或色差不明显。

④ 采用新材料、新工艺、新结构的加工工序　由于员工对新材料、新工艺、新结构的加工工序操作不是很熟练，这些因素容易造成加工质量问题，因此需要着重注意和控制。

（2）关键工序质量控制点的确定方法

对于在家具生产过程中不能够直接观察出来的关键工序，采用数理统计的方法加以确认，具体操作方法如下。

① 编制品质异常统计表　对美式家具按照加工段将所有品质异常进行编码，编制品质异常统计表，使其一一对应。下面以涂饰为例，品质异常统计见表。

品质异常统计表

序号	品质异常描述	品质异常计数	汇总	不良率（%）
1	颗粒			0
2	漏砂	正	5	4
3	砂穿	正	5	4
4	色差	正正正	15	13
5	流挂	正	5	4
6	发白	正	5	4
7	起泡		0	120	0
8	橘皮	正正正正正	25	21
9	露白	正	5	4
10	针孔	正	5	4
11	毛刺	正正正	15	12
12	喷涂不到位	正正	10	8
13	碰划伤	正正正正正	25	21

② 收集品质异常数据　针对某一批次的产品进行检查，记录发生品质异常的不合格数，得出对应品质异常不良率。

③ 整理分析，确定关键工序　专职检验员要针对品质异常不良率比较高的进行分析，确定产生异常的原因以及对应的工序，进而确定关键工序控制点。

（3）关键工序质量控制点的管理

完成关键工序控制点的选择之后，就需要针对每个控制点设计质量控制措施。主要步骤和内容如下：

① 列出关键工序质量控制点明细表。

② 设计关键工序控制点加工流程图；通过加工流程图来指导员工正确操作步骤与顺序，从而保证各个工序的质量。

③ 对工序进行分析，找出主导因素。

④ 制定关键工序质量控制表，对各个影响质量特性的主导因素规定明确的控制范围和控制要求。

⑤ 编制保证质量的作业指导书。

⑥ 编制质量检验使用工具明细表，明确标出各工序检验需要使用的仪器名称、编号和检验精度等，以便进行精确计量。

⑦ 关键工序质量控制点审核。关键工序质量控制点确定后需要制定者交给其上一级领导进行审核，审核通过后即可实施。

关键工序质量控制点的实施步骤如下所示:

缺陷记录表

序号	工序名称	验收检查中存在的问题或缺陷	处理意见	处理结果	整改人	整改日期	监察人
1							
2							
3							
4							
5							
6							
7							
8							
…							

① 将关键工序质量控制点的质量控制措施向操作班组进行认真交底,必须使员工真正了解操作要点。

② 品质检验员在现场对关键工序控制点要重点指导、检查和验收,防止不合格品流入下道工序。

③ 一线员工按照作业指导书认真进行操作,保证每个工序的操作质量。

④ 一线员工和品质检验员需要按规定做好检查并认真做好记录,保证记录完整准确,取得第一手数据,数据资料不可弄虚作假。

⑤ 运用数据统计方法进行分析与改进,直至全部关键工序质量控制点验收合格。

⑥ 关键工序质量控制点在实施中应明确一线操作员工与品质检验员的职责,使其各司其职。

关键工序质量控制主要文件有:《关键工序质量检验指导书》《关键工序作业指导书》《不良品统计日报表》《缺陷记录表》《检验工具明细表》《关键工序明细表》《关键工序质量控制表》等。检验工具主要有卷尺和标准色板和已确认标准件。

单元 3　实木家具质量管理与控制

3.1　实木家具概述

3.1.1　实木家具定义

全实木家具（纯实木家具）指所有木质零部件均采用实木锯材或实木板材制作的家具。实木家具是指基材采用实木锯材或实木板材制作，表面没有覆面处理的家具。实木贴面家具是指基材采用实木锯材或实木板材制作，并在表面覆贴实木单板或薄木（木皮）的家具。

按实木属性分为实木锯材类家具和实木板材类家具。国标中规定，实木锯材类家具也称天然实木家具，指采用实木锯材为基材制作的家具。之所以能够称为天然实木家具，是因为实木锯材是用原木直接锯切成制作家具所需的规格。实木板材类家具是采用实木板材为基材制作的家具。而实木板材是指接材、集成材等木材通过二次加工形成的实木类材料。实木板材是二次加工形成的实木类材料，从价值上来讲，实木锯材类家具选料要求更高，出材率更低；制作成本远高于实木板材类家具，价格会贵一些。

3.1.2　实木家具发展方向

实木家具设计、生产数字化；材料绿色化、板式化、多元化；生产方式自动化、智能化；生产模式趋向全屋定制化；走低碳、绿色发展之路。

3.1.3　实木家具生产主要原料

3.1.3.1　锯材

分为方材和板材。方材：宽度小于厚度两倍。小方：厚宽乘积 54cm² 以下；中方：厚宽乘积 55~100cm²；大方：厚宽乘积 101~225cm²；特大方：厚宽乘积 226cm² 以上。板材：宽度为厚度两倍以上。薄板：厚度 21mm 以下，宽度 60~300mm；中板：厚度 22~35mm，宽度 60~300mm；厚板：厚度 36~60mm，宽度 60~300mm；特厚板：厚度 60mm 以上，宽度 60~300mm。生产实木家具的主要木材分为针叶材和阔叶材，如图所示。

3.1.3.2　五金配件

实木家具五金配件主要有九类：锁、连接件、铰链、滑道、位置保持装置、高度调整装置、支承件、拉手、脚轮。

实木家具用主要木材

3.1.3.3 涂料与油漆

家具制造企业常用的涂料品种有：硝基涂料（NC），酸固化涂料（AC），不饱和树脂涂料（PE），聚氨酯涂料（PU），紫外光固化涂料（UV），水性涂料。实木家具常用的木器漆主要有：硝基漆（NC）、聚氨酯漆（PU）、聚酯漆（PE）。

3.2 实木家具质量管理

3.2.1 实木家具质量标准

提高家具产品的质量就是要使家具产品的功能、外观、规格、安全性达到相应的标准。家具产品的质量是在生产过程中形成的，必须在家具主要生产工序中运用设备、材料、工艺、管理、人员、环境等各种技术措施预防和消除不符合质量标准的产品出现。

（1）生产准备

产品批量生产前应做"产前样"，经整体组装合格后才可进行批量生产；批量生产中应定时做抽样检查进行跟踪。生产前对设备、刀具、模具、夹具进行检查，使其处于完好状态。

（2）材料的质量标准

①不得使用损害制品外观和结构的材料（端裂、蜂窝裂、表面裂、腐蚀、变色等）。②拼板用材的含水率在6%~8%，其他加工材料一般木材含水率在8%~12%。③节疤宽度小于材面宽度的25%，并要进行适当的修补及处理。④要根据涂饰要求选用不同等级的木材：浅色透明涂饰类用A级木材；深色半透明涂饰类用B类木材；不透明及贴纸类用C级木材。雕刻产品不得用软质木材。浅色涂装的木材不允许有污渍，深色涂装要以能被遮盖为原则。⑤明处用料不得用腐朽材，暗处轻微腐材面积不得超过15%，深度不得超过材厚的25%。不得有贯通的裂纹。虫蛀材需经杀虫处理。产品中，受力部件用材的斜纹角度不得超过20°。

（3）毛料加工的质量标准

①拼板原料 上不可有缺陷，厚度、宽度、长度误差在允许范围内。木材必须经过干燥处理，木材的含水率为8%~10%。相邻拼件含水率差≤2%，锯切面平整光洁，并保

持锯切面之间平行,工件之间的长度误差不超过工件长度1.0%~1.5%,木材正反纹理搭配拼合,材质颜色力求统一。拼缝＜0.2mm。涂胶应厚薄均匀一致,不缺胶和溢胶,严格按预定的涂胶工艺操作。拼板时要以基准和基准边固定并夹紧。一个装夹工们上不可同时装夹2个拼合部件,以免压力不均。如图所示。

②四面刨　检查型刀具是否正确、刀刃的钝化程度。组合型刀具保持完好状态。不应有缝隙及接刀痕迹。根据零部件要求选好材质,调整设备。使加工产品尺寸、形状准确,无跳刀和加工缺陷。

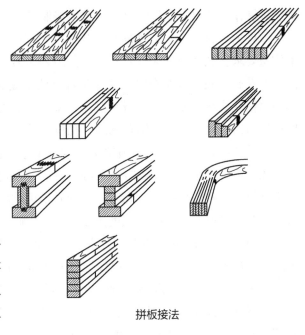

拼板接法

③指接　指接不允许有死节、朽木、虫眼、树心等缺陷。长度余量为10~50mm。指榫与指榫显露面必须确保垂直。指接部位无缝隙。

④带锯　成型曲线锯截时模具应准确。严格按照模板划线,划线与模板间隙1mm。划线时尽量套裁,并剔除死节、暗裂、拼板不良等缺陷。带锯沿划线作业不超线±0.5mm。

⑤冷压、热压　尺寸:实木镶边工件允许差为长度≤2mm,宽度≤2mm,高度≤0.3;无实木镶边工件允许差为长度≤0.5mm;宽度≤0.5mm;高度≤0.3mm;胶压后工件表面胶合牢固,无脱胶、溢胶、开裂等现象。上下板材接口牢固,移位偏差为±3mm。工件边缘垂直,变形度＜1mm,材面无凹凸不平等现象。有弧度的工件,弧度应符合图纸要求,无开裂、脱胶现象。

⑥加工余量的标准截锯　长度余量为5~20mm。贯通榫的余量取5mm,不贯通榫的余量取10mm,拼板的余量取15~20mm。纵锯长度余量为3~7mm。1m以下的短料余量为3~5mm,1m以上的长料余量为5~7mm。带锯,按划线留2~3mm的加工余量。平压刨及单片锯的尺寸公差为0.5mm。翘曲度与工件长度的关系按照实木家具最新标准执行。

(4) 精细加工的质量标准

①裁板加工　裁料尺寸应依图纸要求加工,并留出加工余量。长度、对角线公差为±1mm,宽度公差为±0.5mm。板料无空心、气泡、松散、发霉、虫蛀以及损坏等现象。板面平整度应≤0.2mm,装饰板开料后,表面不允许出现划痕和刮(碰)伤。开料后工作的侧边与板面垂直,边部允许出现小于0.5mm的崩茬和锯痕等现象。

②刨铣加工　单或双立轴铣床的刀型要符合标准,同时不可有跳刀、崩裂、毛边、波浪等加缺陷现象。立铣加工时应注意刀具研磨是否变形,并测试模具是否标准,加工时应

顺纹理操作，如果产品形状复杂，难以控制其良好的加工状态，应使用双轴立铣加工。

③榫槽、钻孔加工　榫槽和钻孔深度要按质量标准加工，孔径、孔位、孔深要符合技术质量要求：孔径公差为 ±0.5mm，孔距公差为 ±1mm，孔深公差为 0.5mm。对成对的零件，在钻孔、裁边和组合等工序中应注意方向是否正确，并以记号分别标示，以利识别。部件的钻孔应尽可能用同一机床操作，基准面应力求统一，以免发生钻孔移位，产品接合出现偏差，一般以下部为钻孔基准。孔位不钻穿，孔边不崩差。

④砂光　薄木的砂光必须按工艺规程要求进行。防止出现跳砂、漏砂、砂空和变形等现象。定厚砂光尺寸公差为 ±2mm。砂光应根据材质软硬及粗糙度要求，不同树种使用不同粒度的砂带。手压砂光时，砂纸号不可跳越两级，压力不可过大。面板端裂或胶缝断裂不允许填补腻子。缝隙宽度小于 1mm 可刮腻子修补缺陷；缝隙宽度 1~2mm 要填补薄片；缝隙宽度大于 2mm 的为不合格品。砂光中应去除拖、拉、压、刮、碰五大伤害的痕迹。随时检查砂纸是否锋利，以保证砂光质量并提高砂光效率。

⑤手工砂光　浅色透明涂饰：砂纸号依次为 $180^\#$、$240^\#$、$320^\#$，未机械砂光的工件应先用 $150^\#$ 砂纸处理。砂光精度四级：砂光细腻，手感柔滑。不允许砂变形（特别注意雕刻部位和工艺线），边角、倒角柔畅、均匀。深色半透明全覆盖涂饰：砂纸号依次 $180^\#$、$240^\#$，未机械砂光的工件应先用 $150^\#$ 砂纸处理。砂光精度三级：表面无不平整现象，允许有少量痕迹，不允许砂变形，边角不可锋利，倒角柔畅、均匀。产品内部或底部等不可见部位：砂纸号 $190^\#$。砂光精度为两级：无刺痕和明显崩茬等现象。

⑥封边质量标准　封边带的型号、颜色应符合要求，相邻封边带无色差，实木封边条应高出板材 0.5mm。工件表面无明显划痕、压痕和胶痕。严密、平整、牢固、无脱胶、溢胶，接头部位不能在显眼位置。要求平整、密合。

⑦拼花　薄木要干燥，拼花图案符合图纸要求，花纹对称，整体色调统一，应根据涂饰要求和工件结构选用不同等级的薄木。浅色透明涂饰和深色半透明涂饰的下面部件用 A 级薄木。浅色透明涂饰和深色半透明涂饰的旁板及内贴皮等用 B 级薄木。不透明的涂饰用 C 级薄木。拼花缝隙 ≤ 0.2mm，对角线公差 ≤ 1.5mm；拼花不能有缺皮、重叠现象。

⑧贴面质量标准　木纹纸应符合图纸要求。产品表面平整、无污渍、遗胶、粗粒、杂物等。贴纸严密、平整，胶合牢固，无皱纹、断裂、气泡、脱胶和翘边等现象。异形、转角处无离缝、崩茬，接口不处于显眼处。

（5）组装质量标准

应根据产品的特性使用不同的胶黏剂和涂胶方法，保证组装强度。涂胶前应清除接合处的木屑和杂物。组装后应及时清理溢胶。榫接合应按设计要求，榫头长度允许 ±（0.3~0.5）mm 的偏差，结合处理的缝隙允许 0.3mm。组合的尺寸允许 ±2mm 误差，以不妨碍组合效果为限。应正确地确定组合基准面，并以标准模具进行组装，以免变形和歪曲。组装时有左右区分的零件应有明显的标志，以免出错。组装完成应在背面打钉，不允许有出钉或凸钉，打钉应深入表层 0.5mm，不可过深，以求美观。

（6）涂饰的质量标准

外部涂饰应注重视觉效果，整套家具中各件家具表面的色泽必须一致。表面应无明显的缺陷，如隆起，刮痕，裂缝。封边料的颜色应该与周边协调。涂装避免端头纹理过黑。沟槽要清洁，没有外流滴落涂料以及漏白的现象。

（7）装配的质量检验标准

成品表面无明显划痕、刮（碰）伤，公差为 ±10mm。产品整体结构牢固，着地平衡；摇动时组件无松动。接缝严密，无明显缝隙（公差为 0.5mm）。五金配件抽屉，柜门推拉顺畅，松紧合适，周边缝隙保持均匀。对称屉面和柜门在同一平面上，纹理对称协调，无擦边现象。镜面、玻璃柜门清洁无胶痕。胶合或接头严密并牢固。

（8）包装质量标准

产品组件、五金配件齐全，不能错包、漏包。包装方式符合防护要求。包装后摇动纸箱时，纸箱内产品、五金配件无移位现象。玻璃、镜面等易碎物品的包装符合防震要求。纸箱规格符合设计要求，外表光滑、平整、无污渍。纸箱标准内容要正确，字迹清晰，易碎物品的标志明显，合格证填写规范，封箱胶平整牢固。成品的堆放方式应正确，不能够超出过安全高度。

3.2.2 实木家具质量控制

实木家具本身流溢出浓厚的艺术成分，基于艺术评论，不同人有不同审美眼光与生活品位。不同客户有不同的追求点，实木家具产品的质量没有非常明确的标准。所以，质量控制标准的意义是能够使"客户满意"并"做到恰到好处"，因为过高的质量标准，特别是对材料、美观的要求，势必提高生产成本。然而，客户的要求总是不断地增长，产品质量提升必然是无止境的，这又需要质量管理人员的慎重把握。

家具工业的特殊性决定质量控制的多样性、穿插性与复杂性，实木家具的主要质量控制点如下。

（1）试产（或称试跑）

在量产前，为检验产品设计的合理性，保证量产的可行性与流畅度，技术人员按工程图纸、工艺文件及质量标准按照 1:1 的比例制作一件或几件样品。然后，由品保技术人员检验设计结构、工程图纸、工艺文件、样板及模板的可行性、准确性。

（2）首件确认

首件是量产的第一件合格产品。在每天开机、换模、模具修理、设备维修及物料更换时，作业员按照工程图纸、工艺要求及质量标准制作首件。首件检验不合格，产品不能量产。首件确认流程分细作（或称机加工）首件确认、组立（或称组装）首件确认、油漆（或称涂装）首件确认、包装首件确认。

（3）试组

由于在加工过程中零部件肯定存在误差，试组可检验该误差是否合理。量产时，应抽检几套零部件（可能包括人造板类、实木类、树脂类、五金类、大理石类、玻璃镜子类、座垫靠背类）组合在一起。试组必须做到彻底到位，为保证试组彻底，需要加工车间安排相关零部件同步配套生产。试组分为部件试组和整体试组。部件试组是由零件组装而成，如梳妆台抽屉的面板、边板、底板、后板等零件试组成抽屉；整体试组是由部件组装而成，如梳妆台的前框、后框、抽屉、面板、侧板、门等全部试组成完整的梳妆台。

（4）含水率

木材含水率变化较大时，木材内部产生不均匀内应力，木材外观则发生变形、翘曲、开裂等重大缺陷。一般的，江浙地区实木含水率按以下标准控制：实木备料段控制在6%~8%，机加工段、组装段控制在8%~10%。三夹板含水率控制在6%~12%，多层胶合板、刨花板、中密度纤维板控制在6%~10%。

（5）光洁度

木制家具需做油漆装饰处理以增加产品外观美观度。油漆装饰前，自身表面需砂光打磨以保证油漆效果。

（6）对色

油漆线上的产品必须每隔一段时间，一般为2h，抽检送至对色房比照客供原始色板M.C.C（颜色校证模型），以监控油漆的亮度、效果。如有偏差，可及时修改各段的工艺。

（7）三检

自检：经首件检验后，在量产时作业员必须要对自己加工的产品进行自主检验。作业员必须在作业前了解产品特性、作业指导书、质量标准、自检方法及重要工序的参数。作业员在自主检验如发现质量异常，应及时关机，及时纠正。

互检：在流水线生产中，下道工序员工对上道流转零部件抽检。

巡检：IPQC（制程检验员）在生产中巡回检验时，发现产品质量异常或有不良产品，要求改善或建议停机、停产，及时纠正。

（8）最终检验

所有进入包装车间的待包装产品，必须由FQC（最终检验员）进行全检，对检验合格品贴黄色"QC PASS"（质量检验通过）标签。

（9）入库后抽验

在成品仓库中抽检一定比率的待售成品，依工艺标准和质量标准对产品进行安全性能、功能结构、外观尺寸、整体美观、包装保护、外箱唛头的仔细检验。

（10）性能测试

为保证原材料、成品的可靠性，必须做测试。

（11）试仪的可靠性

定期对测试仪、游标卡尺、螺旋测微器、温湿度计检验，以确保测试结果的可靠性。

3.2.3 实木家具质量管理的主要内容

（1）实木家具质量管理的前提

原材料、毛坯不合格不流入加工；上道工序不合格不流入下道工序；不合格的产品、零部件不流入库房；不合格的成品不流入市场。即不制造不良品；不接受不良品；不流转不良品。

（2）实木家具质量管理工作

建立产品的品质标准；明确品质检验的方法和要求；对来料、制程、出货的各个环节进行品质检验；提高全员的品质意识；处理质量事故和品质问题；不断提高产品质量；品检人员与生产工人的比例配置一般在 1∶20~1∶50；品检方法采用抽检与全检相结合，重点工序重点检。

（3）质量管理的基本任务

①把关　根据客户要求或按照规定的质量标准和判断准则，通过检验来判定产品质量是否合格；确定产品质量等级或缺陷的严重性程度，为质量改进提供依据。

②预防　通过质量检验，确保不合格的原材料、外购件、外协件不投入生产、装配、出厂，以防止由于不合格品投入使用而给企业造成损失；在生产过程中，通过质量检验，收集数据，进行统计分析，以保证生产过程处于受控状态，避免大批不合格事件的发生。

③反馈　通过质量检验，把产品存在的质量问题反馈给相关部门，及时查明发生质量问题的原因，为质量改进和质量管理活动的开展提供依据。

④仲裁　当上下工序因产品质量问题发生纠纷时，通过仲裁检验来确定质量责任。

3.3　实木家具质量检验

3.3.1　实木家具质量检验的分类

实木家具产品质量检验的形式可分为型式检验和出厂检验。

（1）型式检验

型式检验是指对产品质量进行全面考核，即对标准中规定的技术要求全部进行检验。适用范围如下：

①新产品或老产品转厂生产的试制定型鉴定。

②正式生产后，如结构、材料、工艺有较大改变，可能影响声品性能时。

③正常生产时，定期或积累一定产量后，应周期性进行检验，检验周期一般为一年。

④产品长期停产后，恢复生产时。

⑤出厂检验结果与上次型式检验有较大差异时。

⑥客户提出要求时。

⑦国家质量监督机构提出进行型式检验的要求时。

型式检验采用抽样检验的方式，是将母样编号后随机抽取检验的子样。

实木家具单件产品母样数不少于 20 件，从中抽取 4 件，2 件送检，2 件封存。成套产品的母样数不少于 5 套，从中随机抽取 2 套，1 套送检，1 件封存。如果送检样品中有相同的产品或单体，则可从中随机抽取 2 件。

（2）出厂检验

出厂检验是指在产品进行型式检验合格的有效期内，由企业质量检验部门进行检验。它一般是在产品出厂或产品交货时必须进行的各项检验。

在产品进行型式检验合格的有效期内，由企业质检部门进行检验。单件产品和成套产品应全数进行出厂检验，但当检查批数量较多，全面检验有困难时，也可进行抽样检验。抽样检验时，在母样上编号后，按表规定随机抽取规定件数。

抽样与组批规则

检验批数量	抽样受检产品数	合格判定数（Ac）	不合格判定数（Re）
26~50	8	1	2
51~90	13	2	3
91~150	20	3	4
151~280	32	5	6
281~500	50	7	8
501~1200	80	10	11
1201~3200	125	14	15

3.3.2 实木家具质量检验

实木家具质量检验的内容主要包括外观质量检验、各种理化性能的检验、力学性能的检验和环保性能检验四大类项目。实木质量检验项目的内容及技术要求见表。

（1）外观质量检验

外观质量检验包括产品外形尺寸检验、各类产品主要尺寸（功能尺寸）检验、木工加工质量和加工精度的检验、用料质量及其配件质量的检验、涂饰质量外观检验以及产品标志的检查。

（2）各种理化性能的检验

理化性能检验包括漆膜理化性能的检验、软质和硬质覆面理化性能的检验。主要有耐液（10%碳酸钠+30%乙酸）检测、耐湿热检测、耐干热检测、附着力检测、耐磨检测、耐冷热温差检测、光泽检测、抗冲击力检测等。

（3）力学性能的检验

力学性能检验包括各类产品的强度检验、耐久性检验、稳定性检验、软硬质覆面剥离强度的检验等。

（4）环保性能检验

环保性能检验是指各类家具产品中有害物质释放量检验，主要包括甲醛释放量的检验、重金属含量的检验、挥发性有机化合物（VOC）释放量的检验、苯及同系物甲苯及二甲苯释放量的检验、放射性核素的检验等。

实木家具外观质量检验项目　　　　　　　　　　　　　　　　　　mm

序号	检验项目名称	检验内容及技术要求			
1	产品外形尺寸的极限偏差	受检产品图样尺寸与实测值允差 ±5			高度
					宽度
					深度
2	各类产品主要尺寸（即功能尺寸）	桌类	①桌面高 700、720、740、760		
			②中间净空高≥580		
			③中间净空宽≥520		
			④桌椅（凳）配套产品的高差 280～320		
		椅凳类	①座高 400、420、440		
			②扶手椅扶手内宽≥460		
		柜类	①挂衣棍下沿至底板内表面间距	挂长衣≥1350	
				挂短衣≥850	
			②挂衣空间深度≥500		
			③折叠衣物放置空间深≥450		
			④书柜搁板层高（1）≥230（2）≥310		
		床类	①床铺面净长	双床屏 1920、1970、2020、2120	
				单床屏 1900、1950、2000、2100	
			②床铺面宽 800、900、1000、1200、1350、1500、1800		
			③床铺面高 400～440（不放置床垫），240～280（放置床垫）		
			④双层床层间净空高≥980（不放置床垫），≥1150（放置床垫）		
			⑤双层床安全栏板高≥200（不放置床垫），≥380（放置床垫）；安全栏板缺口长度 500～600		
3	翘曲度	面板、正视面板件	对角线长度		允许值
			≥1400		≤3
			<1400 ≥700		≤2
			<700		≤1
4	底角平稳性	底脚着地平稳性			≤2
5	平整度	面板、正视面板件			≤0.2
6	邻边垂直度	面板	对角线长度		≤2.5
		框架	≥1000		≤3
			<1000		≤2
7	位差度	门与框架、门与门相邻表面间的距离偏差（非设计要求的距离）			≤2
		抽屉与框架相邻表面间的距离偏差（非设计要求的距离）			≤1

（续）

序号	检验项目名称	检验内容及技术要求			
8	分缝	开门	嵌装式	上、左、右分缝	≤1.5
				中、下分缝	≤2
			盖装式	门背面与框架平面的间隙	≤2
		抽屉	嵌装式	上、左、右分缝	≤1.5
			盖装式	抽屉面背面与框架平面的间隙	≤1.5
9	下垂度、摆动度	抽屉		下垂	≤20
				摆动	≤15
10	用料要求	①单件或成套产品采用树种的质地应相似，同一胶拼件树种应无明显差异，针、阔叶材不得混同使用 ②虫蛀材须经杀虫处理，不得使用昆虫尚在继续侵蚀的木材 ③可视部位不得使用腐朽材，内部或封闭部位用材轻微腐朽面积不超过零件面积的5%，深度不得超过材厚的25% ④外表及存放物品部位的用材不得有树脂囊 ⑤产品受力部位的斜纹程度超过20%的不得使用 ⑥节子宽度不超过可见材宽的1/3，直径不超过12mm的，经修补加工后不影响产品结构强度和外观的可以使用 ⑦其他轻微材质缺陷，如裂缝（贯通裂缝除外）、钝棱等，应进行修补加工，不影响产品结构强度和外观的可以使用 ⑧木材含水率应不高于当地地区的年平均木材平衡含水率加1% ⑨影响产品结构强度或外观的贯通裂缝的木制零部件不得使用			
11	木工要求	①人造板制成的部件应进行封边处理 ②薄木和其他材料覆面不允许有脱胶和鼓泡 ③榫接合处不允许断榫 ④榫及零部件接合应严密、牢固 ⑤塞角、栏屉条等支撑零件的接合应牢固，装板部件配合不得松动 ⑥启闭零件和配件应使用灵活 ⑦各种配件安装不得有少件、漏钉、透钉 ⑧薄木和其他材料覆面的拼贴应严密、平整，不允许有明显透胶。各种配件安装应严密、平整、端正、牢固，结合处应无崩茬或松动。外表的倒棱、圆角、圆线应均匀一致。不涂饰部位粗糙度：内部 $R_a 2\sim 12.5\mu m$（细光），隐蔽处 $R_a > 12.5\mu m$（粗光） ⑨雕刻的图案应均匀、清晰、层次分明，对称部位对称，凹凸和大挖、过桥、棱角、圆弧处应无缺角，铲底应平，各部位不得有锤印或毛刺 ⑩车木的线型应一致，凹凸台级应匀称，对称部位应对称，车削线条应清晰，加工表面不得有崩茬、刀痕、砂痕			
12	涂饰要求	①整件产品或成套产品色泽应相似 ②产品表面漆膜不得有皱皮、发黏和漏漆现象 ③产品不涂饰部位应保持清洁 ④正视面（包括面板）涂层应平整光滑、清晰，漆膜实干后应无明显木孔沉陷。其他部位涂层手感应光滑，无明显粒点。漆膜实干后允许有木孔沉陷，允许有微小涨边和不平整。涂层应无明显加工痕迹、划痕、雾光、白棱、白点、鼓泡、油白、流挂、缩孔、刷毛、积粉和杂渣 ⑤软硬质覆面表面纹理应相似，不应有凹陷、麻点、裂痕、划伤、崩角和刃口			
13	产品标志	产品上应有持久性厂标			

理化性能检测项目

序号	检验项目名称	条件和要求 检验项目	不频繁使用	较频繁使用	频繁使用
1	漆膜理化性能	耐液 10% 碳酸钠和 30% 乙酸	24h，不低于 3 级		
		耐湿热	55℃，不低于 3 级	80℃，不低于 3 级	85℃，不低于 3 级
		耐干热	70℃，不低于 3 级	80℃，不低于 3 级	90℃，不低于 3 级
		附着力	不低于 3 级		
		耐磨	1000 转，不低于 3 级	1000 转，不低于 2 级	2000 转，不低于 3 级
		耐冷热温差	3 周期，无鼓泡、裂缝和明显失光		
		光泽	不低于 3 级		
2	软硬质覆面理化性能	耐液 10% 碳酸钠和 30% 乙酸	24h，不低于 2 级		
		耐湿热	70℃，不低于 3 级		
		耐干热	80℃，不低于 2 级		
		耐磨	宝丽板、华丽板 2000 转，不低于 3 级		
		耐冷热温差	3 周期，无鼓泡、裂缝和明显失光		

实木家具力学性能检验项目

检验项目名称	条件和要求 检验项目	轻载 不频繁使用	中载 不频繁使用	重载 频繁使用
力学性能	桌类强度和耐久性	2 水平	3 水平	4 水平
	椅凳类稳定性			
	椅凳类强度和耐久性	2 水平	3 水平	4 水平
	柜类稳定性	其中垂直加载力：门 100N，抽屉 150N		
	柜类强度和耐久性	2 水平	3 水平	4 水平
		其中	搁板扰度与长度的比值 ≤ 0.5%	
			挂衣棍扰度与长度的比值 ≤ 0.5%	
			挂衣棍支撑件位移 ≤ 3mm	
			主体结构和底架位移值 $d < 15$mm	
	单层床强度和耐久性			
	剥离强度	宝丽板、华丽板 1.4×10^3N/m；PVC 贴面 3.5×10^2N/m		

实木家具环保性能检验项目

序号	检验项目名称	限量值	
1	甲醛释放量（mg/L）	≤ 1.5	
2	重金属含量（mg/kg）	可溶性铅	≤ 90
		可溶性镉	≤ 75
		可溶性铬	≤ 60
		可溶性汞	≤ 60

3.4 实木家具质量控制

现代家具产品的质量控制已突破了在使用期内不被破坏的传统观念，要全面考虑其功能、外观、安全、耐用、材料、环保、经济等因素。同时，符合人们对产品使用价值和审美的双重需求，是依赖产品的研发设计、生产、检验、包装、销售直至售后服务每一个过程，这些都是影响产品质量的重要环节。合理控制家具产品的质量，必须建立从设计、生产、检验销售到售后服务全过程的质量控制体系。

3.4.1 产品设计的质量控制

控制家具产品质量，必须严把产品设计关。设计要符合有关标准的要求，国家质量监督局关于家具产品出台了一系列尺度、材料、加工精度、环保等强制性标准。应做好设计调查、市场预测、产品决策、初步设计、模型制作、施工设计工作。设计人员要指导样品制作，样品制作后要进一步从产品的功能、结构、材料、加工、装饰等方面核实产品是否符合设计要求，产品规格、结构、所用材料是否有误；出现技术、质量问题及时修改施工图纸，批量生产时设计代表还要逐道工序进行跟踪，发现问题及时纠正。

3.4.1.1 产品设计要符合人体工程学要求

人体的基本尺度和人体活动尺度是家具功能设计最基本的依据，对此，人体工程学已有深入的研究成果。家具产品设计要考虑用户的不同要求及适用场合，要研究适合普通人群基本适应的大致范围，在家具设计中运用"百分位"的概念，一般用途家具取适合范围95%，即让95%的人感到产品适合的尺度。对于如星级酒店、总统套房家具等特殊要求，设计尺度可超出正常尺度；针对特定的人群，如儿童、老年人及残疾人开发稳定性好、安全性高的专用家具等；对学校、医院等，则应充分考虑有关标准尺度，并结合用户要求进行设计。

3.4.1.2 材料运用科学合理，符合环保要求

生产实木家具使用的材料很多，其中以木材和人造板用量最大。制作家具的木材，设计时应充分考虑其含水率变化对构件尺寸及形状变异和强度的影响。基材必须经人工干燥处理，终含水率不高于产品所在地的平衡含水率加1%。利用木材的天然花纹、色泽变化

和不同的纹理设计不同风格的家具，如松木古朴、樱桃木高贵优雅、桦木稳重等。

木制家具生产时选用的人造板、胶黏剂、油漆应符合2002年国家颁布实施的《室内装饰装修材料木家具有害物质限量》（GB 18584—2001）等10项强制性标准中游离甲醛、苯、总有机挥发物、重金属等有害物质释放量的限量值要求。为防止家具使用时游离甲醛污染室内环境，家具用人造板需达到E_1级水平，且必须进行饰面及封边处理。特别对柜子背板的背面、底部、顶部等部位采用封闭漆封闭处理，板式家具柜体两侧为安装活动搁板而预留的安装孔要进行封闭处理。采用木皮拼花贴面设计时，注意产品正面（如嵌板、面板、门板）必须选用优等木皮，配对部件（如门）贴面的花纹应对称，整套产品木皮纹理、颜色需基本一致，木料要达到相关防火、防水、防油污等要求。涂装时选用UV漆、不饱和聚酯漆、水性漆、天然树脂漆等。

3.4.1.3　木制家具的结构设计要牢固可靠

设计师要全面掌握家具的生产工艺流程和零部件结构。针对板式家具、实木家具，常见质量问题有实木家具自身开裂，拼板（指接）处、结构处、薄木复合处开裂，开门、水平板件、直立板件弯曲变形，榫卯结构的松动、脱落，板式家具中拆装结构的松动等质量缺陷，找出结构设计的不合理处，采取措施加以解决。

对木制家具固定性结构处采用胶接合、榫卯接合、直钉接合、木螺钉接合、螺纹杆件接合，必要时加辅助措施，如三角木、连接木等。为防止材料拼板处裂缝，拼接部位在连接部位增开通直V形或U形工艺槽，连接部位横向零部件缩进纵向零部件1~3mm。与人体接触部位表面须光滑，产品棱角部位必须略倒角或倒圆。

3.4.2　木制家具产品生产环节的质量控制

质量控制是为了达到质量要求所采取的作业技术和活动，其目的在于监督制作过程并排除质量环所有阶段中导致不满意的因素，以此来确保产品质量。一个理想的产品设计由图样变成实物，是在生产制造过程中实现的。要保证家具的质量，必须加强对生产过程的质量进行控制。

家具生产过程质量控制的核心是使生产作业经常处于稳定受控状态，发挥工艺的保证作用，通过质量分析，找出可能产生质量缺陷的因素，采取既结合实际，又切实可行的预防措施，把废次品和返修品数量减少到最低限度。

在家具制造工业中，由于加工工艺过程是由较为复杂的工序组成的，在经过整个生产流水线的加工过程中，缺陷常会一个接一个地出现。因此，只检验最后的制成品是不够的。必须严格控制整个生产过程中每一道工序的加工质量，即从第一道工序起就进行控制。家具生产质量控制根据制造过程划分，主要分为生产前的质量控制、生产过程中的质量控制、生产后质量控制。

针对不同的制造过程，各个家具公司应结合自身情况，根据各工序工艺参数的配置选择方面、设备管理方面应注意的细节和生产操作方面的一些生产实际经验，解决生产过程中的生产质量问题，制订相应的质量控制计划，以便能够稳定地、持续地生产符合质量的产品，并能够保证合格产品连续性和再现性。

3.4.2.1 生产前的质量控制

家具制造之前，必须做好各项准备工作，没有必要的、充分的生产技术准备就不能从根本上保证制造过程的质量，也无法保证最终的产品质量。企业要形成一个能稳定生产合格产品的生产系统，首先应对操作者、机器设备、原材料、方法、环境实行有效的控制，变事后检验为事前控制。

（1）操作者

操作者是一切事物中最宝贵的，也是生产管理中最大的难点。产品在制造过程中，每个岗位上的人都应该明白做什么和如何去做这两件最基本的事情，那么产品质量就有了最基本的保证。

操作人员应熟悉本岗位的工作，在进行操作前熟悉并准确理解有关文件，检查过程（作业）条件，确认符合条件后，按已制定的规程、程序进行操作。企业应加强员工的技术培训，全面推动质量教育，培养和提高员工的质量意识和质量管理技能；营造出员工们为自我改进而感到满足和自我实现的一种氛围，使生产过程的质量监控成为质量人员的一种自觉。培养质量人才，提高队伍素质，不仅使员工具有质量意识，而且掌握控制质量的技术。

其次，还应重视员工的积极性。生产过程的质量控制要求人人都应是监控人员，这就对员工的素质和积极性提出了很高的要求。因此，创造良好的氛围，实施"凝聚力"工程，真正做到"尊重人、理解人、关心人"，调动人的积极性、创造性，开发人力资源。尤其是企业领导应努力坚持以人为本，培养员工"人人是人才"的思想，为每个人创造、展示自我提供机会。

（2）机器设备的准备

机器设备就是指生产中所使用的设备、工具等辅助生产用具。生产中，设备是否正常运作、工具的好坏都是影响生产进度、产品质量的要素。企业的发展，除了需要员工的素质有所提高，企业外部形象提升，公司内部的设备也需要更新。好的设备能提高生产效率，提高产品质量。例如，开料，从过去的推台锯改为现在的电子开料锯，效率提升了几十倍。工业化生产过程中设备是提升生产效率的另一有力途径。

企业应配备生产和服务过程中所需的、能满足工艺要求的设备、工具、模具和检测器工具；操作人员应熟悉设备的日常维护保养方法，在开机前，操作人员应根据设备点检顺序对各个项目进行点检，确认无异常现象后，在设备维护表上确认签字，方可开机。

（3）原材料的准备

原材料指物料，半成品、配件、原料等产品用料。材料对提高过程直通率、降低不良品损失、提升效率有着至关重要的作用。一旦有不符合要求的材料流入生产过程，造成的损失将会被放大至成百上千倍。输入的原料不符合要求使库存增多、材料互换性差、不良品接连出现，降低企业的利润率。家具制造企业必须重视原辅材料的监测工作，为后续的生产过程打下良好的基础。企业由于产品、资源、规模的不一，不可能也不必要对所有的原辅材料的质量特性都进行监测，要根据自身的特点制定出适合于自己的监测的体系、方法，对输入物料的质量进行有效控制。

①明确原辅材料的质量标准，所输入的材料既要满足该材料自身质量要求，又要满足所生产产品的设计要求。

②依据采购标准的要求选择适宜的监测方法。工厂内部主要应用如下的监测的方法：

A. 对全部材料的部分质量特性进行全部检查。如产品外表材料的外观、功能尺寸的检查。

B. 对部分材料的部分质量特性进行全部检查（包括试验）。如对不易或不能经济测量的质量参数、有害物质限量检测、木材含水率的检测等。

C. 索取供货方有效期内的检验报告。

D. 检查当批材料或产品的合格证。

E. 在后续的生产过程进行验证。

F. 免予质量特性的检查。

G. 定期委托第三方形式检验或第三方检验部分质量特性。

不同性质、用途物料，选择不同监测方式的组合确保检验的结果接近其真实的质量状况，从而采取一系列针对性措施。

③发现不合格品及时采取措施进行处置并保留数据记录。记录数据用于评价供货方的质量保证能力。

（4）方法的准备

方法（method）指方法技术，指生产过程中所需遵循的规章制度。家具产品准备批量投入生产之前，由工艺部门对生产制造过程的质量控制进行统筹安排，制定相应的工艺文件，以确保产品制造再在受控的状态下进行。通常它包括工艺指导书，标准工序指引，生产图纸，生产计划表，产品作业标准，检验标准，各种操作规程，工时定额表、原材料消耗定额表等。此外，根据质量要求，为了进行重点控制，还应有工序质量控制点明细表、工序质量分析表、作业指导书、检验计划、检验指导书等。根据产品生产的需要，在可能的情况下还应增加工艺评定书和技艺评定准则等必要的文件。当采用数控设备或计算机控制和测试时，还应编制和维护计算机软件，并使之成为受控工艺文件的组成部分。它们在这里的作用是能及时准确地反映产品的生产和产品质量的要求。严格按照规程作业，是保证产品质量和生产进度的一个条件。

（5）环境的准备

环境（environment）指生产环境，主要包括温度、湿度、光照度、清洁度等，环境与产品质量好坏、生产效率的高低息息相关。企业要稳定地生产出优质产品，必须有一个整洁、明亮、安全的环境。它要求生产井然有序，工艺、劳动纪律严明，环境清洁，工作现场布置合理，人、机、物很好地配合，工位器具齐全，厂区绿化美观。

家具企业应对影响加工质量的工作环境进行控制，满足工艺文件的要求。如尘埃、温度、湿度等这些因素对胶黏与涂饰的影响是举足轻重的。要采取有效措施，通过检测手段，尽量做出定量控制，以减少空气中的尘埃含量。

3.4.2.2 生产过程中的质量控制

实木家具生产过程由众多的工序组成，工序状态的优劣决定产品质量的好坏，由于工序质量的稳定涉及人、机器、材料、工艺方法、检测和环境等因素。这些因素，特别是主导因素如发生变化，会直接影响到工序质量的稳定。为此，要管理好这些因素，需做大量细致、具体的工作。在实际生产制造活动中，质量控制主要涉及工序质量控制、工序质量检验、生产中不合格品的控制、不合格品的纠正措施、文明生产、现场生产管理六方面，具体内容分述如下。

（1）工序质量控制

工序质量控制是指把工序质量的波动限制在规定的界限内所进行的活动。工序质量控制是利用各种方法和统计工具判断和消除系统因素所造成的质量波动，以保证工序质量的波动在要求的界限内。

①主要工序因素的质量控制　主要工序因素的质量控制，即关键工序、重要工序的质量控制。在生产中要加强工序的关键件、重要件制造中的严审工作，以确保产品质量。企业在生产制造过程中要进行严格的生产管理和周密的工序质量控制，尤其是关键工序、重要工序的质量控制，其方法是：

A. 工艺规程的编制。根据企业工艺管理特点，采用细化工艺堆积编制方法，把关键或重要图纸尺寸、技术要求写入工序名称栏内，工序图纸中的关键尺寸、重要尺寸或其他技术要求（如形状、位置公差标量），在该尺寸旁加盖"关键"或"重要"印记。同时要明确工、夹、量、模具的使用及产品检测要求，必要时增订"内控标准"，纳入工艺规程。

B. 关键工序、重要工序工艺资料的更改与试机。要求更改慎重，其审批比一般工序规定提高一级；采用新工艺、新技术时必须经过技术鉴定，鉴定结论确定可行时方可纳入工艺规程。

C. 关键工序、重要工序必须实行"三定"，即定人员、定设备、定工序。实行"三定"前要对操作者进行"应知应会上岗考核"，只有取得上岗合格证才可上岗。

D. 工、夹、量、模具处于良好工作状态，工位器具配套齐全适用，温度、湿度和环境符合生产规定。

E. 严格批次管理。批次管理是指产品从原材料投入交付出厂的整个生产制造过程中，实行严格按批次进行的科学管理，它贯穿于产品生产制造的全过程。搞好批次管理，能确保产品从原材料进厂到出厂交付的每个环节，做到"五清六分批"。"五清"指批次清、数量清、质量清、责任清、生产动态清；"六分批"指分批投料、分批加工、分批转工、分批入库、分批保管、分批装配。这样就能使制品在周转过程中不漏工序、不差数量、不混零件，一旦发生质量问题能够迅速准确地查出原因，把返修报废的数量和用户使用的影响限制在最低程度。

F. 检验人员必须执行"企业质量手册"的有关规定，严格首件检验，巡回检查和总检，并监督操作者严格按工艺文件规定进行操作，测量和填写图表，对不执行者，有权拒绝检查和验收。

②工序质量控制的内容　质量控制最基本的内容是工序质量的控制，工序质量控制的目的就是要发现偏差和分析影响工序质量的制约因素，并消除制约因素，使工序质量控制在一定范围内，以确保每道工序的质量。进行工序质量控制时，应着重于以下四方面的工作。

A. 严格遵守工艺规程。施工工艺和操作规程是进行施工操作的依据和法规，是确保工序质量的前提，任何人都必须严格执行，不得违反。

B. 主动控制工序活动条件的质量。工序活动条件包括的内容较多，主要是指影响质量的五大因素：施工操作者、材料、施工机械设备、施工方法和施工环境。只要将这些因素切实有效地控制起来，使它们处于被控制状态，确保工序投入品的质量，避免系统性因素变异发生，就能保证每道工序质量正常、稳定。

C. 及时检验工序活动效果的质量。工序活动效果是评价工序质量是否符合标准的尺度。为此，必须加强质量检验工作，对质量状况进行综合统计与分析，及时掌握质量动态。一旦发现质量问题，随即研究处理，自始至终使工序活动效果的质量满足规范和标准的要求。

D. 设置工序质量控制点。控制点是指为了保证工序质量而需要进行控制的重点、关键部位、薄弱环节，以便在一定时期内、一定条件下进行强化管理，使工序处于良好的控制状态。

③工序质量控制点的设置　质量控制点是指质量活动过程中需要进行重点控制的对象或实体，它具有动态特性。具体地说，是生产现场或服务现场在一定的期间内、一定的条件下对需要重点控制的质量特性、关键部位、薄弱环节，以及主导因素等采取特殊的管理措施和方法，实行强化管理，使工序处于良好控制状态，保证达到规定的质量要求。

质量控制点设置的原则，是根据工程的重要程度，即质量特性值对整个工程质量的影响程度来确定。为此，在设置质量控制点时，首先要对施工的工程对象进行全面分析、比较，以明确质量控制点；然后进一步分析所设置的质量控制点在施工中可能出现的质量问题或造成质量隐患的原因，针对隐患的原因，相应地提出措施予以预防。

设置工序质量控制点时，一般考虑的因素有：对产品的适用性（性能、精度、寿命、可靠性、安全性等）有严重影响的关键特性、关键部件或重要影响因素；对工艺上有严格要求，对下工序工作有严重影响的关键质量特性、部件；质量不稳定、出现不合格的项目；用户反馈的重要不良项目；紧缺物资可能对生产安排重大影响的关键项目等，都应建立工序质量控制点。

④设置工序质量控制点的步骤

A. 结合有关质量体系文件，按质量环节明确关键环节和部位需要的特殊质量特性和主导因素。

B. 由设计、工艺和技术等部门确定本部门所负责的必须特殊管理的体系文件。

C. 编制质量控制点流程图，并以此为依据设置质量控制点。

D. 编制质量控制点作业指导书，包括工艺操作卡、自检表和操作指导书。

E. 编制质量控制点管理办法。

F. 正式纳入质量体系控制点，所编制的文件都要和质量体系文件相结合，并经过批准正式纳入质量体系中进行有效运转。

确定关键工序，监控控制点。由于家具的加工工艺是由多道工序组成的，各家具厂的生产方式也不尽相同，所以不同的家具厂，进行工序质量控制时应根据自身情况，有计划地对直接影响质量的生产工序进行重点控制，设置必要的检验点，编制相应的工艺、检验文件，并对制造过程中关键工序和特殊工序实施监控，以确保制造过程按计划执行，使工序处于受控状态。

（2）工序质量检验

家具工序种类繁多，工序因素复杂，工序质量控制所需要的工具和方法也多种多样，现场工作人员应根据各工序特点，选定既经济又有效的控制方法，避免生搬硬套。家具企业在生产中常采用以下检验方法进行工序质量控制。

① 首件检验 主要在调机时要将机器调整到符合加工质量的状态，每次加工时要对第一个加工件进行检验后才能做批量加工，以杜绝成批加工件的报废。

② 操作工人自检 操作者通过自检得到数据后，将数据与产品图纸和技术要求相对比，根据数据来判定合格程度，做出是否调整的判断。员工要有自检意识。产品质量是制造出来的，而不是检验出来的。生产质量控制的秘诀是：让每个人做好自己的产品。要求员工对自己生产的产品进行自我检验，只有自己认为是合格品，才可以流向下道工序或车间，在自检中发现的不合格品，要自己做好标识并把它分开放置。

③ 操作工人互检 例如，开料时，由于工人的疏忽，将板件的开料尺寸弄错了；由于下道工人在操作前没有对板件进行检查，这块板件经过封边、开榫、打孔等工序，直到组装才发现不符合图样。这样在工时和材料上都会造成很大的浪费。所以，接手上道工序或车间流转过来的产品后，下一道工序的操作者首先应对产品进行质量检验，检验认为是合格品后，才可以进行生产，对检验出上工序或车间的质量问题，要及时反馈。坚决做到不制造不良品，不接收不良品，不传递不良品。

④ 检验员专检 检验员应学好全面质量管理基础知识，掌握质量检验理论和方法，并准确灵活运用；熟悉质量控制点所用图表、方法和作用，并通过检验帮助操作工人解决不正确的检测和记录；在检验时，应和操作工人密切合作，帮助工人严格执行质量控制点的有关技术文件；了解资源动态，掌握必要的信息，并及时交流和沟通情况。

为保证正常的生产秩序，防止未经验证的家具原料和零部件投入生产，必须在整个生产过程中对材料、零部件是否经过验证以及是否被验证点所认可等验证状态做出醒目的标识，这种标识可采用印记标签、履历卡或随产品的检验记录等形式，以便追踪产品生产的质量状况和产品质量的责任者。同时，还应要求从事检验和试验的人员具有一定的经验或经过一定的培训，并取得资格，以保证检验的质量。

（3）生产中不合格品的控制

所谓不合格品，是指企业生产的产品中不符合质量标准的产品，包括废品、返修品和超差利用品 3 类产品。加强不合格品管理，一方面能降低生产成本，提高企业的经济效益；另一方面，对保证产品质量、生产用户满意的产品、实现较高的社会效益也起着重要作用。

经过严格的工序控制后，不合格品可减至最小的程度。但由于各种复杂的原因，在生产过程中还会不可避免地产生某些不合格品。对于不合格品可以有以下几种处理方法：

① 报废　对于不能使用如影响人身财产安全或经济上产生严重损失的不合格品，应予报废处理。

② 返工　返工是一个程序，它可以降低不合格率，并使质量特性完全符合要求。通常返工决定是相当简单的，检验人员就可以决定，而不必提交"不合格品审理委员会"审查。

③ 返修　返修与返工的区别在于返修不能完全消除不合格品，而只能减轻不合格品的程度，使不合格品尚能达到基本满足使用要求而被接收。

④ 原样使用　原样使用也称直接回用，就是不加返工和返修，直接交给用户。这种情况必须有严格的申请和审批制度，特别是要把情况告知用户，得到用户的认可。

对于生产过程中发现的不合格品，由操作人员在不合格品上做好标记，将其放置到不合格品区。由车间主管进行分析，批量生产完成后进行返工、返修或报废。严重不合格品及其处理情况须填写"不合格品报告单"并开具"不合格品处置单"。对于过程或成品检验中发现的不合格产品，由检验员在检验报告单上做好记录，并对其做出"不合格"标识，将不合格品隔离放置在不合格品区。批量测试完成后对所有不合格品进行分析，评价不合格的严重程度，考虑对不合格品进行处置的方案。对于轻度不合格产品，处置的措施是返工或返修，使其成为合格成品；对严重不合格品，返修不经济，则予以报废。

（4）不合格品的纠正措施

纠正措施的对象是不合格的原因并消除这一原因，而不是对不合格品进行处置。纠正措施是生产组织为消除产品不合格发生的原因所采取的措施，防止不合格品再次出现。出现不合格品后，应对其进行质量分析，努力做到"三不放过"，即原因未查清不放过，责任未明确不放过，措施未落实不放过。应建立不合格品的档案，定期进行统计分析，查清造成不合格的系统性原因和偶然性原因，以便采取针对性措施，努力排除问题再次发生的可能性或把这种可能性减少到最低限度。

纠正措施一般应包括以下几个步骤：

① 确定纠正措施。首先是要对不合格品进行评审，其中特别要关注顾客对不合格品的评价。评审的人员应是有经验的专家，他们熟悉产品的主要质量特性和产品的形成过程，并有能力分析不合格的影响程度和产生不合格原因及应采取的对策。

② 通过调查分析确定产品不合格的原因。

③ 研究为防止不合格再发生应采取的措施，必要时对拟采取的措施进行验证。

④通过评审确认所要采取的纠正措施效果，必要时修改程序及改进体系，并在过程中实施这些措施。跟踪并记录纠正措施的结果。纠正措施的内容应根据不合格品的事实情况，针对其产生的原因来确定。有关部门应及时找出不合格的原因，制订和实施纠正措施，并验证其效果，不断完善质量体系。在产品质量形成全过程中，产生不合格的原因主要是人（作业人员）、机（设备和手段）、料（材料）、法（作业方法、测量方法）、环（环境条件）等几个方面，针对具体原因，采取相应措施，如人员素质不符合要求的（责任心差、技术水平低、体能差），采取培训学习提高技术能力、调换合格作业人员的措施；作业设备的过程能力低，则修复、改造、更新设备或作业手段；属于作业方法的问题，采取改进、更换作业方法的措施等。但是所采取的纠正措施应和不合格的影响程度相适应。

（5）文明生产

文明生产是指生产的科学性，要创造保证质量的内部条件和外部条件。内部条件主要指生产要节奏，要均衡生产，物流路线的安排要科学合理，要适应质量的需要；外部条件主要指环境、光线等，以利于保证质量。生产环境的整洁卫生，包括生产场地和环境卫生整洁，光线照明适度，零件、半成品、工夹量具放置整齐，设备仪器保持良好状态等。没有基本的文明生产条件，企业的质量管理就无法进行。

在生产现场管理中，文明生产是要按现代工业生产的客观要求，为生产现场保持良好的生产环境和生产秩序。其内容主要有以下几个方面：

①精神文明

在生产活动中，做到遵纪守法，爱护公共财产，员工间互相尊重，紧密配合，积极创造出轻松愉快的良好生产氛围。

②开展"整理、整顿、清扫、清洁"守则活动

A. 不用的物品不摆放在现场，所需物品随手可以拿到。

B. 保持所需物品清洁，现场环境整洁。

C. 做到科学化、标准化、规范化，并进行检查与考核。

③环境文明

A. 职工着装整洁，具有良好的环境卫生习惯。

B. 生产现场干净、整洁，努力创造舒适的生产环境。

④操作文明　严格操作规程，执行操作程序，不盲目操作，不盲目指挥。

⑤储运文明　采用适当的器具和运输工具进行储运，防止出现损失和破坏，便于生产统计管理和质量管理。

⑥定置管理

A. 制定行之有效的定置图，并组织实施。

B. 使生产现场井然有序，保持生产均衡。

⑦安全生产

A. 高度重视安全工作，执行国家、部省及公司规定的有关安全方针政策。

B. 加强安全宣传工作，安全标语、警示牌等设置在醒目的地方，安全警钟长鸣。

C. 严格安全规程，执行安全操作程序，严禁违章指挥，严禁违章作业。

D. 员工持证上岗，穿戴好劳保用品。

文明生产是正确协调生产过程中人、物、环境三者之间关系的生产活动。它可使企业生产现场管理水平得以提高和改善，从而为企业降低消耗、增加效益提供保障。

（6）生产现场生产管理

现场生产管理又称现场管理，是指用科学的管理制度、标准和方法对生产现场各生产要素，包括人（工人和管理人员）、机（设备、工具、工位器具）、料（原材料）、法（加工、检测方法）、环（环境）、信（信息）等进行合理有效的计划、组织、协调、控制和检测，使其处于良好的结合状态，达到优质、高效、低耗、均衡、安全、文明生产的目的。现场管理是生产第一线的综合管理，是生产管理的重要内容，也是生产系统合理布置的补充和深入。

现场管理的基本内容如下：

A. 现场实行"定置管理"，使人流、物流、信息流畅通有序，现场环境整洁，文明生产。

B. 加强工艺管理，优化工艺路线和工艺布局，提高工艺水平，严格按工艺要求组织生产，使生产处于受控状态，保证产品质量。

C. 以生产现场组织体系的合理化、高效化为目的，不断优化生产劳动组织，提高劳动效率。

D. 健全各项规章制度、技术标准、管理标准、工作标准、劳动及消耗定额、统计台账等。

E. 建立和完善管理保障体系，有效控制投入产出，提高现场管理的运行效能；

F. 搞好班组建设和民主管理，充分调动员工的积极性和创造性。

3.4.2.3 生产后质量控制

家具生产过程中的质量控制是家具质量保证体系中的核心部分，然而对于一个生产经营的家具生产企业来说，仅做到这些是不够的，因为只有当我们生产的产品有最终被消费者所认可才算完成了使命。在此之前，如果所生产的本来已合格的家具由于包装、贮藏等工作不当而出现质量问题，那么很可能使企业付出的资金和心血付之东流。为确保整个生产过程的顺利完成，就有必要对家具生产后的质量进行同样的严密控制。

在家具生产过程的各个阶段搬运物件时，应提供防止损坏物件的搬运方法和手段，对搬运的控制可通过编制搬运通用规范加以有效控制和监督。

（1）搬运过程的质量控制

A. 在工序间在搬运过程中，对易磕碰的关键部位提供适当的保护，特别是精加工后零部件边角部。对于用珍贵微薄木贴面的零件更要注意搬运时不能拖，而应抬起后再放下，否则，一旦板间有砂粒，可能被划出一道沟槽，而对于0.2mm左右的贴面是难以再用砂磨的方式来去除这类沟槽的。遇到这类情况，用锋利的手工刨刀竖起来刮刨划伤区域颇为有效，但这只是不得已的补救措施，重要的是要避免此类问题的出现。

B. 使用与物件相适应的垫架与运输工具。

C. 油漆未干时不要让工件通过灰尘多的区域，最好也不要随便搬运，以免使尚无强度的涂层遭到破坏。

D. 保证正确无误地运到指定的加工、检验点或仓库。

（2）包装过程的质量控制

由于商品经济的调度发展和市场经营水平的不断提高，很多产品销路广、竞争激烈，包装已成为市场经营的重要组成部分。

家具包装的质量要求是：

①能保护产品，方便运输与贮存，提高装卸效率，降低费用。

②防震、防潮、防雨、防腐蚀。

③包装标志清晰。

④警告性保护标志齐全、正确和醒目。

家具的包装应根据发运的距离、运输条件（如空运、海运、铁路等运输方式，集装箱运输或裸装等）、途中的搬运方法、可能遇到的贮存条件及合同要求等因素确定，并制定相应的控制措施。如用船裸装运输时由于产品堆压情况严重，压损程度较大；用汽车运输时则由于路程颠簸，易坏。所以，在这两种情况下板件之间要填实均匀，并用发泡材料做缓冲包装。相对来说，铁路运输的损失较小，要求也可适当低些。包装纸箱所用的纸板也应给予考虑，这与家具转手次数有关。

通常，在国际上，如果家具需要转三手，则要求包装箱具有 10kg/cm 的抗冲破力，对于一般瓦楞纸板来说要用三层结构纸（即一层瓦楞加正反面纸）；转手次数在五手以上时，则要用五层纸（二层瓦楞纸加三层单纸），以便能达到 27kg/cm 的抗冲破力要求；产品角部要垫实包好，注意不要让五金件把产品破坏，零件叠在一起时要捆扎牢固后再包装，以防止其移动错位而冲破纸箱。迎面零件要相对堆放，中间应垫软性隔离物，从而避免划伤，如果因怕麻烦和增加费用而不按这些要求去做，那么一旦损坏几件成品，就将付出更多的费用，并不得不面对更多的麻烦。

（3）贮存过程的质量控制

材料、半成品和成品在使用或装运前，应提供安全贮存场地或仓库，以防止物件损坏或变化，应规定入库验收、保管和发放的仓库管理制度（或标准），定期检查库存品及其环境状况，应保证：

A. 贮存区域应具有适宜的环境条件。如干燥后的木材、人造板应放在干燥的仓库内，否则将会吸湿膨胀，垫条的大小、间隔都要考虑充分，以免因堆放不当而使板材弯曲变形。

B. 使用适当的贮存方法，如砂光带要悬挂在干燥处，如果随便堆放在地面上就会吸潮或产生皱折。而砂带上的皱折将会造成砂磨工件的表面缺陷。

C. 库存应有次序并做标记，以免发货出错。还应定期检查库存品状况，限制非仓库人员进入，物资出库应手续齐全，加强仓库管理。

3.4.3 产品检验环节的质量控制

家具质量标准是生产企业组织生产和检验产品质量的主要技术依据，也是家具经销单位进行产品质量把关和消费者选购家具时判别质量优劣的主要技术依据。

依据《木家具通用技术条件》(GB/T 3324—1995)、《木家具质量检验及质量评定》(QB/T 951.1—94)及木家具相关技术标准中技术要求，确定产品为优等品、一级品、合格品和不合格品。

3.4.3.1 家具的功能性检验

包括各类产品的主要功能尺寸，如桌类产品的桌面高、中间净空高、中间净空宽，桌椅（凳）配套产品的高差等。依据国家标准，结合企业产品标准和用户订货需求进行检验，同时检验产品翘曲度、底脚平稳性、平整度、邻边垂直度、位差度、分缝、下垂度、摆动度指标达到标准和在允许偏差范围内。

3.4.3.2 家具的用料及材质要求检验

材料符合10项室内装饰装修材料有害物质限量国家强制性标准（GB 18580—2017）。产品外表使用的树种质地应相似，同一胶拼件树种无明显差异，针阔叶材不混用外表使用的胶合板树种应一致，在由若干零件组成的各部件中刨花板和中密度纤维板不得混同。

家具的材质要求虫蛀材未经杀虫处理、虫孔未经修补的不得使用；腐朽材面积超过零件面积15%、深度超过材厚25%的木材不得使用；斜纹程度超过产品受力部位20%的木材不得使用；节子宽度超过可见材宽的1/3、节子直径超过12mm的木材不得使用；有贯通裂缝、树脂囊的木材不得使用；有局部裂缝和钝棱等缺陷未经修补的不得使用。

3.4.3.3 产品外观要求的检验

产品外观要求是对木加工、涂饰加工、五金配件安装后的技术要求。

木加工完成后的产品，不允许存在以下缺陷：人造板制成的部件未经封边处理的；覆面材料胶贴后存在脱胶、鼓泡，拼接处离缝和明显透胶的；零部件接合处、榫孔结合处、装板部件和各种支承件存在松动、离缝、断裂的；产品外表倒棱、圆线、圆角存在不均匀、不对称的；雕刻、车木线型不对称，铲底不平，有刀痕、砂痕等。

涂饰加工后的产品不允许存在以下缺陷：整件产品或成套产品有明显色差的；产品表面涂层存在漆膜皱皮、发黏和漏漆的；漆膜涂层有明显雾光、白楞、白点、油白、流挂、缩孔、刷毛、积粉、杂渣、划伤、鼓泡和脱皮的；软、硬质覆面材料表面存在凹陷、麻点、划伤、裂痕、崩角和刃口的；产品不涂饰部位和产品内部不清洁的。

五金配件安装后的产品不允许存在以下缺陷：配件缺件，有安装孔缺安装件的；安装件漏钉、透钉的；活动部件启动不灵活的；配件安装不牢固有松动的；安装孔周边崩茬的。

3.4.3.4 产品理化性能及力学性能检验

木家具漆膜理化性能检验项目包括漆膜耐液性、耐湿热、耐干热、附着力、耐磨性、耐冷热温差、光泽、抗冲击等。根据轻载、中载和重载使用条件，标准选用2级、3级、4级试验水平。特殊环境下的使用条件供需双方商定。

力学性能检验项目包括强度、耐久性和稳定性。标准给出了家具在小心、轻载、中载、重载、超载使用5级试验水平下的技术要求。

3.4.3.5　产品包装检验

家具产品的包装应符合相关标准要求，分压力测试、落地测试、振动测试及冲击测试应合格。根据GB 5296.6—2004规定，生产厂家出售产品必须附有家具使用说明书。说明书要载明家具的品种、规格、型号、结构特征、甲醛释放量、木材含水率、力学性能、饰面理化性能等技术特性；要明示家具的主要材料是原木材料还是内芯材料，辅助材料包括黏合剂、涂料、五金配件等规格；标明家具所用材料，涂料含有有毒有害物质的控制指标。写明家具开箱检查、安装调整、使用保养、搬运储存、故障分析的要求。

总之，实木家具的质量控制应从家具产品形成的全过程入手，做好事前设计控制，事中工艺控制和事后检验把关。

单元 4　软体家具质量管理与控制

4.1　软体家具概述

4.1.1　软体家具定义和分类

软体家具主要指的是以木质材料、金属等为框架，用弹簧、绷带、泡沫等为承重材料，表面以皮、布、化纤面料包裹制成的家具。主要包括沙发、床垫、软凳、充气或充水软体家具等，如沙发、床等家具。

软体家具的种类：按结构分为内骨骼软包家具、外骨骼软包家具、无骨骼软包家具、软骨骼软包家具；按材料分为皮革类软体家具、织物类软体家具、塑料类软体家具；按功能分为软体坐具、软体卧具、其他功能软体家具。

软体家具实物图

4.1.2　软体家具的主要材料

软体家具的主要材料分为：骨架材料、软垫、弹性材料、面料、其他辅助材料。

（1）骨架材料

木材、塑料、金属、竹材、人造板等。骨架组成了沙发主体结构和基本造型，主要满足了造型要求和强度要求。

（2）软垫材料

①泡沫塑料　海绵、杜邦棉、乳胶海绵。

②棕丝及其他　棕丝、椰壳衣丝、笋壳丝、麻丝、藤丝。

海绵用于软体家具的主要是软质聚氨酯泡沫塑料（PU），逐渐取代弹簧。技术参数：密度用 kg/m^3 表示；硬度用 H 表示；回弹率用 % 表示。密度 $\geq 45kg/m^3$ 的为高密度，密度在 $45\sim18kg/m^3$ 为中密度，密度 $< 18kg/m^3$ 为低密度。高回弹、慢回弹海绵（懒性海绵、记

忆棉）；杜邦棉用于海绵与面料之间的填充。乳胶海绵的密度与弹性大于海绵，因此常有圆柱形凹孔，以减轻重量（一般用于高级家具）。棕丝及其他压成一定厚度（6~10mm）的软垫，卷成捆，按需剪裁。

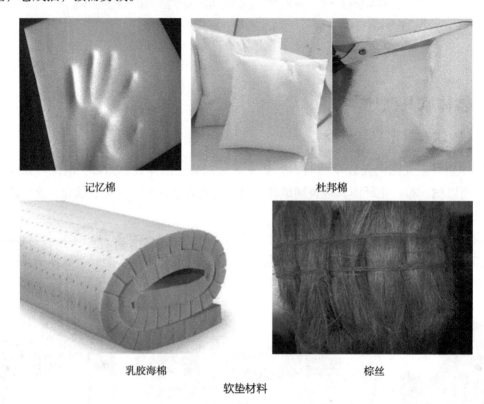

软垫材料

（3）面料

①布料　分为天然织物，如棉、麻、丝、绒；人造织物，如人工纤维、合成纤维；混纺织物，如化学纤维与天然纤维混合纺织。

②皮料　分为真皮，如头层皮、二层皮；人造皮，如PVC皮、PU皮；再生皮。

（4）其他辅助材料

塑料网、棉毡、白色无纺布、连接件。

辅助材料

4.2 软体家具质量管理

4.2.1 文件审定、批准和发布

软体家具企业领导及质量管理部门负责质量计划的审核,经审定的质量计划由企业最高管理者批准后发布,发放到所有涉及的部门和个人。软体家具质量计划在实施过程中可以根据实际情况进行一些调整和更改,但必须按照文件更改程序进行审批,并保存有关记录,以便于调整质量计划实施完成后的总结。

4.2.2 软体家具生产项目的质量保证

软体家具生产企业的产品质量形成过程,一般可概括为产品市场调研过程、设计过程、生产过程和销售过程。四个过程之间的相互作用及其配合,即质量保证和质量反馈是否合理,往往对项目质量有很大的影响。

质量保证是指前一个过程应做好过程的质量保证,并对下一个过程的质量要求进行交底,以对下一过程的质量保证起到预防、控制作用。

质量反馈是指质量形成的逆过程,即发现上一过程存在质量问题或者保证不了上一过程对项目的质量要求时,必须向软体家具企业有关部门反映真实情况,以得到妥善处理。

通过分析得出,软体家其生产企业产品质量不稳定的一个重要原因,就是忽视了各环节连接上的管理工作。因此,必须建立一个保证和提高项目质量的工作系统,通过必要的制度、手段和方法,把软体家具产品的市场调研、设计开发、生产、销售等影响项目质量的一切因素控制起来,使质量管理工作贯穿于软体家具生产的全过程。

软体家具生产项目的全面质量管理包括:设计试制过程的质量管理、生产制造过程的质量管理、辅助生产过程的质量管理、产品使用过程的质量管理。

4.2.3 设计试制过程的质量管理

软体家具生产企业的设计试制过程是质量管理的首要环节,对产品质量起重要作用。这个环节的质量管理主要是做好市场、客户调查研究,提出合理的产品目标方案;参加产品设计审查、工艺验证和试制鉴定,及时解决设计、工艺的不足;对产品质量做经济分析,确定价格与质量成本差额的最佳点。

4.2.4 生产制造过程的质量管理

软体家具生产制造过程是项目质量管理的中心环节,是生产出合格品、优质品的生产系统。这个环节的质量管理要坚持文明生产、严格贯彻执行工艺,控制影响工艺的各种因素,确保生产的合格优质;组织技术检验,根据产品事先确定检验项目、方式、方法、手段,实行员工通检与专业检查相结合的管理制度,加强对不合格品的管理和处理;采取质量分析的科学方法,分析影响质量的原因,分清责任,制定出消除不良品保证质量的措

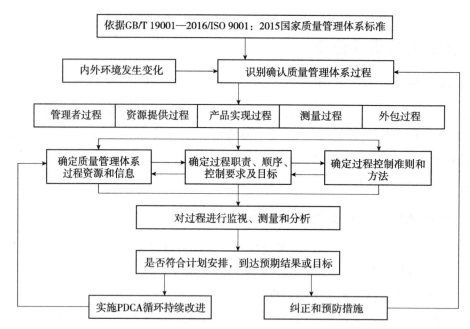

软体家具生产项目质量管理体系流程图

施;在此基础上,运用统计质量控制法,进行工序控制,以防止事故发生。

4.2.5 辅助生产过程的质量管理

辅助生产过程包括原材料供应、工具准备、设备检修等内容,这些工作直接关系制造过程的质量。这个环节的全面质量管理,要做好原材料入库检验工作,加强仓库管理,防止霉变、鼠害。同时,尽可能把质量管理引申到原材料供应单位。工具、量具应统一保管,定期校正;做好设备的维护保养和修理,保持机械设备良好运转。

4.2.6 产品使用过程的质量管理

产品使用过程的质量管理实际上是商品售后服务,包括技术服务和了解产品使用效果,收集改进意见,为进一步提高产品质量提供依据。

4.3 软体家具质量检验

4.3.1 软体家具质量检验标准

软体家具质量检验标准依据《软体家具、沙发质量检验标准》(GB/T 1952.1—2003)执行。引用国际通用标准 EN1725、EN747-1/2、ASTM F1858、ASNI A16、EN 1021-2:2006、CA-117 标准。

4.3.1.1 成品外观检验标准

(1)产品外观要求

①沙发摆好后整体外观左右对称,各部位之间连接协调,边角组合规整,抚摸扶手和

棱角的部位，不能有空角，夹缝中无异物，泡棉回弹性要高。

②产品外观严格按照确认后产前样的尺寸及颜色。

③软面嵌线应圆滑挺直，圆角处对称，无明显浮线、跳针或外露线头。

④包覆的面料拼接对称图案应完整；同一部位面料的方向应一致，不应有明显色差。

⑤软面包覆表面应平服饱满、松紧均匀，不应有明显皱折，有对称工艺性皱折应匀称、层次分明。

⑥包覆的面料应无破损、划痕、色污、油污。

⑦外露铆钉排列应整齐，间距基本相等，不应有铆钉明显敲扁或脱漆。

⑧缝纫线迹间距应均匀，无明显浮线、弯曲或外露线头、脱线、开缝、脱胶。

⑨用手按沙发扶手和靠背，皮质或布料软硬适中，无明显感到木架的存在。

⑩三位、双位、一位的不同座位要求坐感一致，不同背垫的靠感也要一致（每个沙发都要去体验）。

⑪用手按压座面时弹簧不得发出撞击和摩擦等响声。

⑫包装必须完好，五金包齐全，包装无损坏，唛头内容正确、清晰。

⑬抬起沙发看底部处理是否细致，沙发腿要求平直，表面处理必须光滑，腿底部要有防滑垫。

⑭所有标签按要求订好（位置和数量正确）。

（2）漆膜外观要求

①同色部件的色泽应相似。

②无褪色、掉色现象。

③涂层不应有皱皮、发黏或漏漆现象。

④涂层应平整光滑、清晰、无明显粒子，无明显加工痕迹、划痕、白点、鼓泡、刷毛。

⑤产品表面喷漆均匀，不允许出现喷厚喷薄等现象。

⑥外部油漆件应无黏漆及剥落，表面保持光亮，无灰尘之类的小斑点。

（3）五金配件外观要求

①各部分结构及尺寸应符合图纸或样品要求。

②无明显毛刺（<0.2mm）、压痕、磕碰伤和明显翘曲变形现象，接口平整，点焊美观。

③颜色与样板无明显色差，同一可视板面颜色均匀、无暗纹、色斑、杂色。

④若表面有图案字体或标志，图案、字体应清晰正确，内容完整；位置偏差 ±0.5mm。

⑤五金表面或焊接部位不允许有生锈现象，来料时应做盐雾测试。

⑥儿童产品不能采用任何有尖利头的螺丝。

4.3.1.2 产品结构加工工艺要求

（1）加工框架

①沙发的框架是沙发基本造型和主要载荷承担部分，也是制作沙发的基础，因此所有沙发框架不得使用烂木、断裂、严重缺料或树皮、结巴、虫眼的木方。

②框架开料尺寸偏差长、宽应控制在 ±1mm，厚度尺寸偏差应控制在 ±0.5mm。

③开料的边缘不能有毛边、崩边、锯齿、波浪等外观性问题。
④控制零部件含水率不超过 8%。

（2）钉框架
①框架内料长短条高度尺寸要统一，以免表面凹凸不平。
②打钉不能有浮钉、虚钉或钉头外漏等现象。
③钉子要打平，防止漏钉、打爆。
④木条要严格按照图纸放置。
⑤结构牢固，接口紧密，木方无破裂、变形、扭曲现象。
⑥背的倾斜角度一致，总体尺寸偏差不得超过 3mm。
⑦框架定位要直角，不得倾斜。

（3）车缝
①所有车缝皮料、布料车线要直、弧度左右对称、嵌线圆滑、整体无歪斜、破损现象。
②所有皮料针距为 2.5cm 5~6 针，布料面料针距为 2.5cm 6~7 针。
③所有布料皮料车缝部位无断线、跳针、表面打结现象。
④皮类缝位正确，布料面料缝位处纹路误差不能超过 1~2mm。
⑤所有车缝表面压线均匀，宽度一致，缝线要与主体颜色相符合。
⑥加工完的车缝表面无浮线、无跳线、针孔无外漏，线与皮布面颜色相配，布料纹路均匀，无歪斜。

（4）切割泡棉
①裁剪之前根据产品款式要求进行海绵型号、密度的校对。
②切面垂直，切口平齐，斜边、割边不得有严重波浪。
③尺寸准确，长、宽极限偏差 ≤ ±2mm。
④合边的产品合缝不能裂开，海绵不得过多超出扪皮、打钉位置。
⑤弧度与图纸要求弧度一致。

（5）喷胶
①选用标准　环保不含甲醛喷胶。
②胶水　要求喷涂均匀、到位、无漏喷。
③海绵粘贴应平整，无褶皱。
④海绵粘贴应无扭曲和移位。

（6）扪皮
①同一款产品扶手、屏、座的大小、高低一致，座角、屏角饱满程度一样，屏线与座线对齐，合缝紧凑。
②在背后观察正背面，在座前视线与座面同一水平面观察座面，凹凸要均匀。
③无浮钉、虚钉和断钉现象。
④后背面料合缝与屏面料合缝对齐，边线要直，屏颈后部饱满，不起皱。

⑤被底布盖住的地方，多余的海棉和喷棉要割掉。

⑥钉要成直线，钉与钉之间的距离为±2cm。

⑦保持底面平整，不能露钉或断钉，用手摸不伤手。

（7）贴标

①贴标内容不能错误或模糊不清。

②产品上要有产品合格标签。

③部件数字标或字母标不能漏贴或贴错位置。

④产品要有警示标（如小心轻放标、易碎标、防潮标等）。

（8）配件包

①配件规格正确，与实际需要一致。

②不同规格五金不能混合包装（如公制、英制）。

③五金类配件不能生锈、污迹。

④木制的配件不能有虫蛀或霉变。

⑤配件不能漏放、多放。

（9）说明书

①说明书要清晰、易懂，使客户能够按照说明书把产品组装起来，组装的一些关键部位说明书上要有爆炸图标用于提示。

②说明书上的五金、语言、部件尺寸等与资料一致。

③说明书印制不能漏页、重页、破损。

4.3.1.3 产品安全性测试要求

（1）面料测试要求

①皮革类　所有表面涂层的总铅含量低于0.004%，底层材料重金属含量的总铅含量低于0.01%，底层材料的可溶解铅含量低于0.009%。

②皮革/布料拉力测试　随机取不少于5块（分经向纬向）裁剪成3英寸[①]×4英寸的样品，每一块的拉力测试要大于50磅[②]。

③皮革/布料色牢度测试　干摩擦≥4.0级，湿摩擦≥3.0级。

④皮革/布料耐磨损测试　H-18砂轮300转，面料不能磨穿，损失＜10%。

⑤车缝强度测试　车缝强度要≥30磅。

（2）泡棉测试

①泡棉防火测试　取样尺寸为12英寸×4英寸×0.5英寸，10块样品，其中5块做24h老化处理；然后点火燃烧12s，火焰高度0.75英寸，记录泡棉燃烧后烧掉的长度，单个样品燃烧长度＜8英寸，10块样品平均燃烧长度＜6英寸。

②泡棉闷烟测试　适用于以点燃香烟作为火源对软体家具材料的阻燃性能试验，闷烟

---

① 1英寸≈2.54cm。

② 1磅≈0.454kg。

测试后损失重量不能 ≥ 80%。

（3）五金测试

①螺丝强度测试　M6 的螺丝拉力强度 ≥ 1100 磅，M8 螺丝拉力强度 ≥ 1700 磅。

②盐雾测试　使用盐雾测试机，浓度为 1% 的盐水，恒温 27℃，湿度 70%~80%，喷雾 24h，喷雾结束后用清水把样品表面轻轻冲洗一下，晾干后表面不能有明显锈斑、腐蚀等现象。

（4）油漆

①所有可接触到的表面油漆铅含量 ≤ 0.009%。

②样品油漆表面要通过百格测试，不能有掉漆。

③漆膜耐湿热，20min，70℃，应不低于 3 级。

（5）稳定性测试

①前稳定性　把单人位沙发放在水平地面，对于有可调节功能的应把座椅调到最不稳定状态，在测试方向支撑脚处放置一个木条防施加水平拉力时侧滑，木条高度尽量低于 1 英寸，避免阻止样品倾翻；定点：先找到坐垫最宽处中心点做个标记，然后找到坐垫最前端 2.4 英寸位置做个标记，在这两点交汇的地方向下垂直施加一个 173 磅的力，然后向前水平施加一个 4.5 磅的拉力，判定条件在整个测试过程，产品不出现倾翻，即通过测试。

②后稳定性测试　用测试后稳定性的标准 13 块圆盘依次堆积起来紧贴靠背，13 块圆盘全部堆放后座椅不出现倾翻现象即为合格。

（6）扶手强度测试

①扶手垂直强度测试　此测试针对有扶手型沙发座椅将沙发座椅固定放置于测试平台之上，限制其自由活动，将各项功能调至正常使用条件，在扶手上明显最薄弱处（用一个长 5 英寸的装置安装在扶手上）施加一个垂直向下 200 磅的力维持 1min，然后卸力检查沙发不能有任何损坏，再做一次验证性测试，最弱处垂直向下施加一个 300 磅的力，维持 1min 卸力，可以允许产品有部分功能丧失，但不能出现大的结构改变。

②扶手水平强度测试　将沙发座椅固定放置于测试平台之上，防止椅子水平移动和翻倒，但不能限制扶手的活动，将各项功能调至正常使用条件，在扶手受力最弱位置（用一个宽 1 英寸的装置安装在扶手上）水平施加一个 100 磅的力，维持 1min，然后卸力检查，产品不能有任何功能丧失或者任何损坏，再做验证性测试，同样在最弱位置水平施加一个 150 磅的力，维持 1min，然后卸力检查，产品允许有部分功能丧失，但不能出现大的结构改变。

（7）动态冲击测试

将沙发置于测试平台之上，用一个 225 磅的沙袋从离坐垫高度 6 英寸的位置自由落下，沙袋在下落过程中不能碰到沙发靠背，然后移除沙袋检查，产品不能有任何功能丧失或者结构损坏，然后做验证性测试，用一个 300 磅的沙袋从离坐垫高度 6 英寸的位置自由落下，然后移除沙袋检查，产品允许有部分功能损坏，但不能出现大的结构改变。

（8）沙发脚强度测试

选取其中一个沙发脚做测试，对沙发脚前后左右四个方向分别施加一个75磅的力，维持1min，沙发脚不能出现松动脱落等现象。

（9）摔箱测试

摔箱要求：一点三边六面。测试参数见下表1。

表1 测试参数

样品质量（磅）	摔箱高度（英寸）
21~41	24
41~61	18
61~100	12
>100	8

4.3.1.4 产品包装检验标准及要求

（1）外包装

①尺寸、瓦型、瓦楞方向、彩标、标志、纸号、要与订单资料要求一致。

②外箱唛头内容与唛头资料相符。

③同批次纸箱间不能有明显的色差。

④纸箱外部不能有破损、污迹。

⑤接合处粘胶及木架打钉处要牢固。

（2）内包装

①包装内各个部件要用珍珠棉或气泡膜缠绕包裹，缝隙间用填充物填充，不能晃动。

②确认所有的标签、吊牌、五金配件等是否正确。

③无纺布套一定要将沙发全部套好。

④用塑料袋将沙发包紧，用透明胶带将沙发包好，注意胶带一定要整洁。

4.3.2 软体家具检验项目与要求

软体沙发质量检验项目和项目分类详见下表。

软体沙发质量检验项目和项目分类表

序号	检测项目	技术要求	项目分类		
			基本	分级	一般
1	主要尺寸（功能尺寸）	座前宽（B）单人≥480mm、双人≥960mm、3人≥1440mm			
		座深（T）480~600mm			
		座前高（H_1）340~440mm			
		背高（H_2）≥600mm			

（续）

序号	检测项目	技术要求	项目分类		
			基本	分级	一般
2	外形对称度	座面对称度：对角线长度≤1000mm，允差≤8mm；对角线长度>1000mm，允差≤10mm			
		背面对称度：对角线长度≤1000mm，允差≤8mm；对角线长度>1000mm，允差≤10mm			
		相同扶手对称度：对角线长度≤1000mm，允差≤8mm；对角线长度>1000mm，允差≤10mm			
		围边对称厚度差≤5mm			
3	底脚平稳性	沙发底脚着地的不平度偏差≤2.0mm			
4	内部木制件材用料要求	内部用料不应使用：①昆虫尚在侵蚀的木材；②轻微腐朽材面积超过零部件面积的15%；③腐朽材深度超过材厚25%；④受力部位的木材自然斜纹程度超过20%；⑤有轻微的裂缝或节子的木材，影响结构强度；⑥带有树皮的木材			
5	外部木制件材用料要求	产品用材的树种应与标识明示一致			
		外表用料应：①针阔叶树种在同一胶拼件中不得混用；②材色和纹理相似			
		外表用料不应使用：①贯通裂纹材；②昆虫尚在侵蚀的木材；③腐朽材；④死节材；⑤未经处理带有树脂囊材；⑥脱胶的人造板材			
		外表用料不应使用：①节子宽度超过材宽的1/3；②节子直径超过12；③产品受力部位木材自然斜纹程度超过20%			
		外表用料正视面不应：①有裂纹；②有缺棱			
		外表用料斜视面出现裂纹、缺棱应进行修补加工			
6	木材含水率	不大于产品所在地区年平均木材平衡含水率			
7	金属件用料要求	各种管材或异型管材，其受力部件的管壁厚度应≥1.2mm			
8	铺垫料安全卫生要求	麻毡（布）、棕毡、棉毡、棉（或化学）絮用纤维等铺垫料应：①干燥；②无霉烂变质及刺鼻异常气味；③无夹含泥沙及金属物等杂质；④目视无检出危害健康的节足动物或蟑螂卵夹等			
9	泡沫塑料要求	密度底座≥25kg/m³，其他部位≥20kg/m³			
		回弹性能A级≥45%，B级≥40%，C级≥35%			
		压缩永久变形A级≤5.0%，B级≤7.0%，C级≤10.0%			
10	面料用料要求	各种面料颜色摩擦牢度≥4级			
		皮革涂层黏着牢度≥2.5N/10mm			

（续）

序号	检测项目	技术要求	项目分类		
			基本	分级	一般
11	木工要求	人造板制成的零部件外露部位应封边处理，封边应平整无脱胶			
		外表木制件应平整精光：①无啃头；②无刨痕；③无崩茬；④无逆纹；⑤无沟纹			
		外表木制件应：①倒棱均匀；②圆角和弧度及线条对称均匀；③顺直光滑			
		外表木制件车木线型应：①对称部位对称一致；②无刀痕、砂痕等缺陷			
		内部木制件应经刨削处理，粗光			
12	面料外观要求	面料应保持清洁			
		纺织面料：①同一部位绒面的绒毛方向应一致；②面料无明显色差；③无残疵点			
		皮革或人造革面料应无：①明显色差；②表面龟裂；③破损			
13	缝纫和包覆要求	面料缝线应无：①跳针或明显浮线；②断线或脱线现象或外露线头			
		嵌线应圆滑顺直及圆弧处均匀对称			
		外露泡钉应：①排列整齐、间距基本相等；②无松动脱落；③无明显敲扁或脱漆			
		面料的包覆应：①平服饱满，无明显皱折；②松紧均匀，无明显松弛现象；③对称工艺性皱折线条对称均匀			
14	异常响声	徒手撳压座面和背面，应无异常金属摩擦和撞击等响声			
15	安全性要求	沙发在正常使用中应无尖锐金属物穿出座面或背面等部位			
		座面与扶手或靠背之间的间隙内，徒手深入应无刃口、毛刺等			
		外露金属件应无刃口或毛刺			
16	外表金属件要求	不圆度	金属管弯曲处直径≤25mm	允许≤2.0mm			
			金属管弯曲处直径＞25mm	允许≤2.5mm			
		弯曲处圆弧应圆滑一致			
		金属件铆接处应端正圆滑，无明显锤印			
		金属件铆接处不应有漏铆或脱铆			
		金属件焊接处应：①无夹渣；②无气孔；③无焊瘤；④无焊丝头；⑤无咬边或飞溅；⑥无焊穿			
		管材表面接缝处应：①无裂缝或虚焊；②无明显叠缝			
		金属件焊接处不应：①脱焊；②虚焊			

（续）

序号	检测项目	技术要求		项目分类		
				基本	分级	一般
17	饰面外观要求	金属件	烘漆或喷塑涂层应：①无明显流挂；②无凹凸疙瘩；③无皱皮；④无飞漆			
			电镀层应：①表面无烧焦；②无明显针孔；③无划痕；④无毛刺			
			涂层饰面应无明显色差及裂纹或脱落；电镀层应无明显露底或锈迹			
		木制件	漆膜涂层应：①无明显流挂；②无针孔；③无皱皮或无涨边；④无明显积粉或杂渣；⑤无明显刷毛等缺陷；⑥无明显色差			
			漆膜涂层应：①无漏漆；②无明显鼓泡；③无涂层脱落或裂纹			
18	五金配件安装要求	五金配件安装应配合严密牢固				
		五金配件安装固定孔（选择孔除外）不应漏拧连接螺丝或少件				
		活动零件使用应灵活				
19	防锈处理要求	内部的金属件和各类型弹簧等配件	均应经防锈处理			
			不应有锈迹			
20	力学性能要求	沙发座背耐久性	A级	60 000次		
			B级	40 000次		
			C级	20 000次		
			座、背的面料应完好无损，面料缝纫处无脱线或开裂，垫料无移位或破损，弹簧无倾斜，无松动或断簧，绷带无断裂损坏或松动；骨架无永久性松动或断裂			
		背松动量	≤2°			
		背剩余松动量	≤1°			
		扶手松动量	单人≤20mm，双人及以上≤10mm			
		扶手剩余松动量	单人≤10mm，双人及以上≤5mm			
		压缩量	a≥55mm			
			c≤110mm			
21	木制漆膜涂层	附着力交叉切割法	不低于3级			
		耐磨2000转	不低于3级			
		耐冷热温差	3周期无裂纹、鼓泡和明显失光			
		抗冲击	冲击高度50mm，≥3级			

(续)

序号	检测项目	技术要求		项目分类		
				基本	分级	一般
22	烘漆或喷塑涂层	涂层硬度	≥ 0.4mm			
		冲击强度	≥ 3.92J，无剥落、裂纹等			
		附着力	≥ 3 级			
		耐腐蚀	盐浴试验 1h 应无锈蚀、鼓泡和开裂			
23	金属电镀层	镀层结合力	镀层应无起泡和脱落			
		耐腐蚀	盐浴试验 1h，应锈点 ≤ 20 点 /dm^2，其中直径 1.5mm，锈点不超过 5 点			
		铬层厚度	≥ 0.3 μm			
24	阻燃要求	产品通过香烟点火源试验，在 1h 内应无阴燃或有焰烧现象（该要求仅对合同规定时）				
25	产品标志	生产者中文名称；地址和通信信息				
		出厂检验合格证明；家具使用说明书				

4.4 软体家具质量控制

4.4.1 软体家具生产项目的质量控制

软体家具生产企业质量控制的方法主要有三方面：人的控制；设备的控制和方案的控制；材料的质量控制。

①人的控制　从人的技术水平，生理缺陷和人的心理行为，错误行为两方面进行分析控制。

②设备的控制和方案的控制　生产设备是项目实施的物质基础，对项目进度的质量有直接的影响。在产品生产实施阶段，必须综合考虑现场的条件、设备的性能、工艺等各种因素。生产方案的正确与否，对生产项目的进度控制、质量控制能否顺利实现有直接影响。生产方案考虑策划不周全会拖延进度，影响质量，增加投资。

③材料的质量控制　是项目质量的基础。材料质量不符合生产要求，项目质量也就不可能符合标准。

4.4.2 软体家具生产项目的质量审计

质量审计是软体家具生产项目质量管理的重要组成部分，质量审计的依据通常有有关政策、条例、合同、质量管理计划和质量保证结果等。

软体家具生产项目的质量审计具体包括：

①内部质量体系审核和外部审核结果。

②顾客反馈信息。

③过程的业绩和产品的符合性。

④纠错、预防措施状况及改进的需求。

⑤以往管理评审的跟踪措施结果。

⑥可能影响质量管理体系变更、改进的建议。

通过以上方面的审计得出以下项目审计结果并进行适当修正：

①对现行质量管理体系的评价　质量方针、目标实现的评价；顾客满意程度的评价；质量管理体系适宜性、充分性和有效性的评价。

②对现行质量管理体系的改进　质量方针、目标的修订；质量管理体系及其过程有效性的改进；与顾客要求有关的产品改进；为实施生产过程控制所需资源的改进。

附件

板式家具板材来料检验标准书

一、目的

指导进行来料检验，防止不合格原料进入生产流程，保证产品质量。

二、试用范围

仓库入库检验，生产加工前检验。

三、工具

卷尺（误差≤±0.6mm）、含水率测量仪、1m钢板尺。

四、操作步骤

1. 外观检验

在自然光 300~600 lx 范围内目测：

材料表面平整无开裂、碰伤、污渍、脱层等缺陷。

目测整板无明显翘曲。

包装合理无损坏。

2. 含水率检验

含水率控制在 8%~12%，选用误差不大于±2%的含水率测试仪测量，选取三个不同的零件，每个零件选取三个不同的位置测量。要求供应商提供相关书面证明。

3. 外形尺寸偏差

A. 用误差不大于±0.6mm的卷尺测量长、宽尺寸偏差≤±2.0mm；厚度尺寸偏差≤±0.5mm 具体按采购合同要求进行检验。

B. 用误差不大于±0.6mm的卷尺测量两对角线长度，对角线长度误差<2.5mm。

4. 翘曲度测定

测定时，将钢板尺直立放置在被测物件对角线上，测量被测试件与基准直线的距离，以其中一个最大距离为翘曲度测量值。

A. 对角线长度≥1400mm，允许值≤3mm。

B. 1400>测量值≥700mm，允许值≤2mm。

C. 测量值<700mm，允许值≤1mm。

五、抽样数量

件

检查批数量	抽取受检产品数	判定合格数 A	不合格判定数 R
26~50	8	1	2
51~90	13	2	3
91~150	20	3	4
151~280	32	5	6
281~500	50	7	8
501~1200	80	10	11
1201~3200	125	14	15

制定： 审核： 批准：

参 考 文 献

吴智慧，2011. 家具质量管理与控制 [M]. 北京：中国林业出版社 .

张屹，2005. 家具制造企业品质管理务实大全 [M]. 北京：经济管理出版社 .

杨磊，2012. 从 ISO 9001 标准谈家具设计的质量管理 [J]. 家具与室内装饰（10）：56-57.

中国质量协会，等，2010. 全面质量管理 [M]. 3 版 . 北京：中国科学技术出版社 .

赵旭颖，马掌法，2015. 质量管理在家具企业中的应用研究 [J]. 家具（XLM）：95-99.

郭荣，2010. 软体家具生产项目的质量管理研究 [D]. 青岛：中国海洋大学.

陈臻，2019. 芬兰松家具精细生产控制研究 [J]. 轻工标准与质量（3）：36-37.

张嘉妮，曾春玲，刘锐源，等，2019. 家具企业挥发性有机物排放特征及其环境影响 [J]. 环境科学，40（12）：5240-5249.

唐瑶涵，2016. 家具物流质量控制研究 [D]. 长沙：中南林业科技大学 .

符天蓝，杨春，2018. 市场转向与产业升级路径分析——以珠江三角洲出口导向型家具产业为例 [J]. 地理研究，37（7）：1460-1474.

李升梅，庞梦潇，王慧姣，等，2017. 家具制造企业设计创新模式研究 [J]. 艺术科技（4）：62.

刘雪纯，韩玉杰，张贝，等，2020. 我国红木家具企业的质量管理 [J]. 中国市场（14）：88-89.

边玉刚，2019. 质量管理在家具企业中的应用 [J]. 中国新技术新产品（4）：132-133.

周阳峰，2018. 板式定制家具企业制造过程质量管理研究 [D]. 长沙 . 中南林业科技大学 .

兰琦，赵健雄，2017. 面向过程的精益质量管理——以 DQ 公司为例 [J]. 企业改革与管理（21）：47-48.

许俊，罗菊芬，刘晨光，2019. 我国家具行业高质量发展标准体系战略研究 [J]. 质量与标准化（5）：38-41.

崔佳，林秀贤，魏文超，等，2019. 家具企业精益品质控制管理探索研究 [J]. 家具与室内装饰（3）：54-55.

熊先青，郭伟娟，黄琼涛，等，2017. 家具数字化制造质量管控技术研究 [J]. 林业工程学报，2（4）：152-157.

熊先青，魏亚娜，吴智慧，等，2015. 大规模定制家具客户关系管理构建与应用 [J]. 林业科技开发，29（3）：64-68.

徐微，李文忠，2020. 木家具中甲醛释放量检测能力验证结果与分析 [J]. 上海计量测试（4）：50-53.

郭佳，陈智勇，黄明华，2018. 深色名贵硬木家具产品质量控制探析 [J]. 轻工标准与质量（2）：18-19，27.

古鸣，吴静霞，2017. 深色名贵硬木家具表面理化性能的研究 [J]. 家具，38（2）：97-103.

常方圆，2016. 改性生漆用于红木家具表面涂饰的工艺研究 [D]. 南京：南京林业大学 .

古鸣，2016. 家具表面水性漆漆膜理化性能研究 [J]. 家具，37（1）：98-106.

许俊，陈光明，2014. 家具力学性能标准化研究及检测设备创新性研发 [C] // 第 11 届中国标准化论坛论文集：579-584.

刘雪纯，韩玉杰，张贝，2020.我国红木家具企业的质量管理[J].中国市场（14）：88-89.

赵旭颖，马掌法，2015.质量管理在家具企业中的应用研究[J]. 家具，36（2）：95-99.

李敏芝，陈倩玲，张继雷，2013.红木家具质量控制体系研究[J]. 家具，34（4）：79-82.

葛林毅，2014. 红木家具质量控制方法研究[D]. 南京：南京林业大学.